기독교문서선교회 (Christian Literature Center: 약칭 CLC)는 1941년 영국 콜체스터에서 켄 아담스에 의해 시작되었으며 국제 본부는 미국 필라델피아에 있습니다. 국제 CLC는 59개 나라에서 180개의 본부를 두고, 약 650여 명의 선교사들이 이동도서차량 40대를 이용하여 문서 보급에 힘쓰고 있으며 이메일 주문을 통해 130여 국으로 책을 공급하고 있습니다. 한국 CLC는 청교도적 복음주의 신학과 신앙서적을 출판하는 문서선교기관으로서, 한 영혼이라도 구원되길 소망하면서 주님이 오시는 그날까지 최선을 다할 것입니다.

정 창 균 박사
합동신학대학원대학교 총장

시편에는 사람이 살아가면서 직면하는 온갖 상황들이 다 펼쳐집니다. 탄식과 감사와 부르짖음과 찬양이 넘쳐 납니다. 이 책의 저자는 성실하고 깊이 있게 본문 주해를 한 다음, 그것을 구체적인 삶의 현장으로 잇대어 풀어내고, 그것을 다시 성도들에게 그날 그날의 양식으로 차려서 내놓고 있습니다.

저자가 이렇게 할 수 있는 것은 저자 자신이 시편으로부터 매일 매일, 그리고 상황마다 삶의 양식을 섭취하는 경험을 하며 살아가기 때문입니다. 그는 어려운 개척목회의 현장에서 새벽마다 시편을 붙잡고 매일 하나님을 경험하며 삽니다.

이 책에 실린 저자의 글들은 시편을 아는 학자의 단순한 본문 해설을 뛰어넘어, 시편의 하나님을 아는 신자의 고백과 삶을 담아내고 있습니다. 저자는 단순히 시편을 아는 사람이 아니라, 시편의 하나님을 아는 사람입니다. 그리고 온갖 상황을 살아 내야 하는 성도들에 대한 깊은 애정을 품고 있습니다. 이 책의 글들에서는 성도들에 대한 저자의 깊은 애정과 축복의 심정이 생생히 느껴집니다.

이 시편 강해를 찬찬히 읽다 보면 우리도 어느새 시편 기자의 하나님을 나의 하나님으로 만나게 되고, 하루를 살아갈 힘과 지혜와 용기를 얻게 됩니다. 이 책을 매일 한 편씩 택하여 하루생활의 지침으로서 찬찬히 읽고 묵상하고 실천해 나가면 틀림없이 일상의 신앙생활에 큰 유익이 있을 것을 확신하면서 모든 독자들에게 추천합니다.

동시에 저자의 시편을 풀어내는 탁월한 능력으로 남은 시편들에 대한 책들이 계속 출간되기를 기대합니다.

권오윤 박사
아세아연합신학대학교 구약학 교수

시편은 하나님께서 성령의 감동하심을 입은 사람들을 통해 어떻게 신자들이 다양한 삶의 현장에서 하나님과 교제하며 살아갈 수 있는지를 가르쳐 주신 하나님의 말씀입니다.

이 책의 저자인 백성훈 목사님은 간결하면서도 함축적으로 표현된 시편 말씀을 목회적 관점에서 쉽게 풀어 설명하고 이와 관련된 성경의 실례를 통해 본문에 대한 이해를 돕고 있습니다. 이 책의 가장 큰 장점은 저자가 간간이 본인의 간증과 더불어 시편 말씀이 어떻게 일상적인 삶에 적용되는지를 구체적으로 제시하고 있다는 점입니다.

날마다 하나님의 말씀을 읽고 묵상하며 하루를 시작하려는 사람들에게 이 책을 추천합니다. 또한 이 책은 온 가족이 함께 읽는 가정예배 지침서로서도 매우 유용할 것입니다.

안두익 목사
동성교회 담임

누구나 한 번쯤은 자신의 생각을 담은 글을 쓰고 싶어 합니다. 그러나 대부분은 용기가 없거나 자기의 여러 부족을 느껴 선뜻 글을 내지 못할 때가 많습니다. 그리고 설령 낸다고 해도 전혀 독자들에게 다가오지 않는 글도 많습니다. 그만큼 글을 쓴다는 것은 쉽지가 않습니다.

그런데 『시편의 위로: 울기 전에 꼭 읽어야 할 책』이 세상에 나왔습니다. 저는 저자의 삶이 시편이라는 용광로 속에 담금질되어 이 책에 담겨져 있음을 봅니다. 그리고 너무 아름답게 주님의 마음을 독자들에게 보여 준 글이 바로 이 책이 아닌가 생각합니다.

저의 사랑하는 동역자가 쓴 글이기에, 그리고 누구보다도 시편적인 삶을 살아왔던 저자이기에 이 글이 가슴에 콕콕 박혀 듭니다. 하나님과 긴밀한 교제를 원하는 그리스도인에게 이 책을 추천합니다.

김 형 민 목사
푸른나무교회 담임

존 칼빈은 시편을 가리켜 "영혼의 해부학"이라고 표현했습니다. 시편은 고상하거나 낭만적인 시 모음집이 아니라 고통의 자리에서 울부짖었던 믿음의 사람들의 처절한 절규의 기록입니다. 시인들은 그 탄식과 울부짖음 속에서 하나님을 만나고 하나님의 응답을 경험했습니다. 그때 그들의 탄식은 찬양으로 변했습니다. 그들에게 시편은 학문이 아니라 삶이고 실제였습니다.

그런 면에서 이번에 출간되는 저자 백성훈 목사님의 『시편의 위로: 울기 전에 꼭 읽어야 할 책』은 가장 시편다운 책입니다. 저자 자신이 개척목회의 어렵고 힘든 과정에서 눈물로 쓰고 성도들과 나눈 은혜의 기록입니다. 무엇보다도 이 책은 쉬우면서도 깊은 묵상을 담고 있습니다. 아침에 깊은 우물에서 맑은 물을 길어 마시는 듯합니다.

이 책은 쉽지만 가볍지 않습니다. 마치 곁에서 이야기하듯 말씀을 자상하게 설명하고 풀어 줍니다. 단순한 학문적 정보의 나열이 아니라 어떤 상황에 처한 사람을 말씀을 통해 실제적으로 권면하고 위로합니다.

이 책을 통해 인생의 고난과 위기 속에서 믿음의 끈을 붙들고 살아가는 모든 그리스도인들이 힘과 용기와 위로를 얻기를 바라며 기쁜 마음으로 추천합니다.

시편의 위로

울기 전에 꼭 읽어야 할 책

Tears Leaning on the Psalms
Written by Paul Baek
All rights reserved.
Korean Edition Copyright ⓒ 2020 by Christian Literature Center, Seoul, Korea

시편의 위로: 울기 전에 꼭 읽어야 할 책

2020년 1월 6일 초판 발행
2025년 11월 30일 초판 2쇄 발행

지 은 이 | 백성훈

편　　집 | 곽진수
디 자 인 | 김진영
펴 낸 곳 | (사)기독교문서선교회
등　　록 | 제16-25호(1980.1.18)
주　　소 | 서울특별시 동대문구천호대로71길 39
전　　화 | 02-586-8761~3(본사) 031-942-8761(영업부)
팩　　스 | 02-523-0131(본사) 031-942-8763(영업부)
이 메 일 | clckor@gmail.com
홈페이지 | www.clcbook.com
송금계좌 | 기업은행 073-000308-04-020 (사)기독교문서선교회

ISBN 978-89-341-2064-3 (04230)
　　　978-89-341-2063-6 (세트)

이 책의 출판권은 (사)기독교문서선교회가 소유합니다.
신저작권법에 의하여 한국 내에서 보호받는 저작물이므로 무단 전재와 무단 복제를 금합니다.

울기 전에 꼭 읽어야 할 책

시편의 위로

백성훈 지음

CLC

목차

추천사   1
    정 창 균 박사 / 합동신학대학원대학교 총장
    권 오 윤 박사 / 아세아연합신학대학교 구약학 교수
    안 두 익 목사 / 동성교회 담임
    김 형 민 목사 / 푸른나무교회 담임

저자 서문   12

제1부 구원의 복으로 위로하시는 하나님   16
    1. 악인들의 꾀를 따르지 아니하며(시편 1:1-2)   18
    2. 죄인들의 길에 서지 아니하며(시편 1:1-2)   21
    3. 오만한 자들의 자리에 앉지 아니하고(시편 1:1-2)   25
    4. 율법을 즐거워하여(시편 1:1-2)   30
    5. 다 형통하리로다(시편 1:3-4)   34
    6. 여호와께서 인정하시나(시편 1:5-6)   38
    7. 너는 내 아들이라(시편 2편)   43
    8. 구원은 여호와께 있사오니(시편 3편)   47
    9. 여호와를 의지할지어다(시편 4편)   53
    10. 주의 이름을 사랑하는 자들은(시편 5편)   58
    11. 사람이 무엇이기에(시편 8편)   63

제2부 예수의 말씀으로 위로하시는 하나님　　　　70

1. 고아와 압제 당하는 자를 위하여(시편 10:1-18)　　　72
2. 정직한 자는 그의 얼굴을 뵈오리로다(시편 11:1-7)　　79
3. 비열함이 인생 중에 높임을 받는 때에(시편 12:1-8)　　85
4. 내가 사망의 잠을 잘까 하오며(시편 13:1-6)　　　92
5. 여호와는 그의 피난처가 되시도다(시편 14:1-7)　　100
6. 정직하게 행하며 공의를 실천하며(시편 15:1-2)　　107
7. 영원히 흔들리지 아니하리이다(시편 15:3-5)　　114
8. 생명의 길을 내게 보이시리니(시편 16:1-11)　　121
9. 주의 눈으로 공평함을 살피소서(시편 17:1-8)　　129
10. 주의 형상으로 만족하리이다(시편 17:9-15)　　137
11. 나의 힘이신 여호와여(시편 18:1-3)　　144
12. 여호와께서 나의 의지가 되셨도다(시편 18:4-19)　　153
13. 우리 하나님 외에 누가 반석이냐(시편 18:20-31)　　161
14. 완전하게 하시며(시편 18:32-50)　　169
15. 하늘의 장막을 베푸셨도다(시편 19:1-14)　　176
16. 이름을 자랑하리로다(시편 20:1-9)　　184
17. 마음은 영원히 살지어다(시편 22:12-31)　　192
18. 여호와는 나의 목자시니(시편 23:1-6)　　198
19. 성실과 정직으로 나를 보호하소서(시편 25:1-22)　　205
20. 내가 누구를 두려워하리요(시편 27:1-6)　　213

제3부 삶의 은혜로 위로하시는 하나님   220

1. 화평을 말하나 마음에는 악독이 있나이다(시편 28:1-9)   222
2. 그의 이름에 합당한 영광을 돌리며(시편 29:1-10)   229
3. 저녁에는 울음이 깃들일지라도 아침에는 기쁨이 오리로다
   (시편 30:1-12)   236
4. 나와 싸우는 자와 싸우소서(시편 35:1-18)   243
5. 주의 공의대로 나를 판단하사(시편 35:19-28)   250
6. 생명의 원천이 주께 있사오니(시편 36:1-12)   255
7. 나의 소망은 주께 있나이다(시편 39:1-13)   261
8. 내가 여호와를 기다리고 기다렸더니(시편 40:1-10)   266
9. 주의 긍휼을 내게서 거두지 마소서(시편 40:11-17)   272
10. 친구의 배신(시편 41:1-13)   276

저자 서문

백성훈 목사
이름없는교회 담임

저는 목회자로 살면서 많은 성도들을 만나 왔습니다. 그런데 한 가지 의문이 들었습니다. 어떤 사람은 믿음도 좋고 기도도 많이 하는 것도 같았습니다. 그런데 알고보면 깊은 우울함으로 힘들어하고 있었습니다.

또 어떤 사람은 참으로 열정적인 예배를 드리는 것 같았습니다. 그러나 조금만 어려운 일이 생기면 낙심하고 시험에 들었습니다. 이런 사람들이 참 많다는 생각을 했습니다.

이런 사람들은 늘 하나님께 위로받기를 원합니다. 더 정확하게 말하면 위로만 받기 원합니다. 여기에 하나님이 주시는 초달의 매를 말하면 잘 듣지 못합니다. 그만큼 영혼이 연약했습니다. 그래서 여기저기 예배를 찾아다니며 위로받으려 합니다. 그뿐만 아니라 성경을 읽을 때도 위로받기 위해 읽습니다. 그래서 묵상의 결론은 언제나 자신을 인정하고 합리화하며 칭찬하고 위로하는 것으로 끝납니다.

어느덧 제 삶을 돌아보니 저 역시 그들과 다를 바가 없었습니다. 저는 2017년 9월에 교회를 개척하였는데 아주 어렵고 힘든 상황들 때문에 하루하루를 눈물로 버티고 이겨 내야 했습니다. 저도 위로받으려고 예배를 드리고 성경을 읽었습니다. 그러나 당장에는 위로가 되는 듯 했지만 금방 식어버리고 다시 힘들어하는 제 모습을 보았습니다. 그러다가 어떻게 하면 진정한 위로를 받을 수 있을지 고민했습니다.

그래서 새벽을 깨워 기도해야겠다 싶어서 새벽기도를 시작했고 2018년 2월부터 5월까지 3개월간, 시편 설교를 했습니다. 이 과정에서 시편을 통해 제가 얼마나 큰 위로를 얻었는지 모릅니다. 정말 우리 하나님의 크신 은혜 가운데 저의 마음에 참 평안이 찾아왔습니다. 바로 그 위로는 말씀이 진리 그 자체로서 해석되어 하나님의 마음을 깨닫게 되었을 때 발견될 수 있었습니다.

정말 놀라운 위로를 경험했을 때, 말씀으로 하나님의 마음을 알게 되는 것이 우리 그리스도인에게 가장 큰 위로가 된다는 것을 알았습니다. 성령님을 "보혜사"라고 부르는 것은 언제나 함께 하시고 우리를 돕는다는 의미인데, 그 도움이 바로 말씀을 깨닫게 하는 것입니다.

시편은 수많은 고난과 고통 속에서 하나님의 마음을 노래했던 시인들의 고백이었습니다. 이 고백을 묵상하며 그 정확한 의미를 알게 되었을 때 얼마나 큰 위로가 되는지를 알았습니다. 내 삶을 돌아보니 시인의 삶이 투영되듯이 지금도 동일하신 하나님이 역사하시고 내가 동일한 고백을 올려드리고 있음을 알게 되었습니다.

시편은 우리가 생각하는 것 이상으로 거친 표현들이 많이 나옵니다. 다윗의 시만 하더라도 속이 시원할 정도로 하나님 앞에 불평하고 원수를 비난합니다. 그러나 결국에는 하나님의 마음을 깨닫고 돌아서 하나님을 찬양합니다. 하나님의 마음을 알게 된 순간 그동안의 모든 원망을 내려놓고 하나님을 찬양했습니다. 다윗도 하나님의 마음을 아는 것으로 가장 큰 위로를 삼았던 것입니다.

이 책이 "위로"라는 제목을 달았다고 해서 시편의 따뜻하고 부드러운 표현들만 골라서 묵상하지 않았습니다.

결론을 위로로 맺기 위해 노력하지도 않았습니다. 그저 시들의 정확한 의미를 알려고 연구하고 묵상했습니다. 시인들이 깨달은 놀라운 하나님의 마음을 냉정하고 정확하게 해석하여 독자들에게 진정한 위로가 무엇인지 알려주려고 노력했습니다.

이 책을 통해 삶에 지친 영혼들이 하나님의 마음을 깨닫기를 소망합니다. 시인들의 수많은 고백들이 그 통로가 되어 줄 것입니다.

이 책을 쓰도록 허락해 주신 하나님께 감사드립니다. 그리고 나의 영원한 동반자인 아내와 자녀들, 그리고 이름없는교회 성도님들에게 감사의 마음을 전합니다.

제1부

구원의 복으로 위로하시는 하나님

1. 악인들의 꾀를 따르지 아니하며(시편 1:1-2)
2. 죄인들의 길에 서지 아니하며(시편 1:1-2)
3. 오만한 자들의 자리에 앉지 아니하고(시편 1:1-2)
4. 율법을 즐거워하여(시편 1:1-2)
5. 다 형통하리로다(시편 1:3-4)
6. 여호와께서 인정하시나(시편 1:5-6)
7. 너는 내 아들이라(시편 2편)
8. 구원은 여호와께 있사오니(시편 3편)
9. 여호와를 의지할지어다(시편 4편)
10. 주의 이름을 사랑하는 자들은(시편 5편)
11. 사람이 무엇이기에(시편 8편)

1. 악인들의 꾀를 따르지 아니하며
(시편 1:1-2)

> 복 있는 사람은 악인들의 꾀를 따르지 아니하며 죄인들의 길에 서지 아니하며 오만한 자들의 자리에 앉지 아니하고 오직 여호와의 율법을 즐거워하여 그의 율법을 주야로 묵상하는도다(시 1:1-2).

복 있는 사람의 다섯 가지 특징이 있습니다.

① "악인의 꾀를 따르지 아니하며."
② "죄인들의 길에 서지 아니하며."
③ "오만한 자들의 자리에 앉지 아니하고."
④ "오직 여호와의 율법을 즐거워하여."
⑤ "그의 율법을 주야로 묵상하는도다."

오늘은 먼저, "악인의 꾀를 따르지 아니하며"에 대한 말씀을 묵상하고자 합니다.

"꾀"라는 말을 잘 살펴야 합니다. "꾀"는 정석의 방법이 아닌 "편법"이라는 뜻입니다. 구체적으로 적용하면 악인들의 "교제"나 "권면"입니다.

이는 직장이나 친구와 지인들과 모임을 가지고 교제할 때 세상의 지혜와 경험으로 권면하는 것은 하나님의 마음에 합당하지 않다는 것을 말합니다. 세상은 그 편법이 더 쉽고 편하고 유익하다고 유혹을 하고, 마치 하나님의 뜻대로 하면 어렵고 힘들고 실패할 것처럼 말합니다.

성경에 이런 사례가 많이 나오는데 대표적으로 아담과 하와의 사건을 들 수 있습니다. 어찌 보면 시편의 첫째 편이 성경의 첫 사건을 말하고 있다는 생각이 듭니다. 하나님은 아담에게 선악과를 보여 주시면서 "먹지 말라 네가 먹는 날에는 반드시 죽으리라"라고 말씀하셨습니다. 그러나 하와는 뱀에게 "먹지도 말고 만지지도 말라 너희가 죽을까 하노라"라고 말했고, 이에 뱀은 "너희가 결코 죽지 아니하리라"라고 답하며 하나님의 말씀을 변질시켰습니다.

물론 "너희가 죽을까 하노라"라는 부분은 번역상의 문

제가 있기도 하지만 전체 대화에서 분명 말씀이 변질되어 있음은 확실합니다. 즉, "반드시 죽으리라"라는 확정적 말씀을 "너희가 죽을까 하노라"라는 가능성의 말씀으로 해석한 것입니다. 이는 하나님의 말씀을 가볍게 생각한 것이고, 결국 이런 꾀는 하나님의 존재 자체를 쉽게 생각하도록 만들었습니다.

우리 믿는 자들은 순간순간 찾아오는 꾀의 유혹을 따르지 않아야 합니다. 오늘 하루도 수많은 고민과 결정들을 하고 살아갈 것인데 하나님이 주신 말씀을 묵상하면서 하나님이 말씀하시는 대로 살아가는 하루 되시길 축복합니다.

2. 죄인들의 길에 서지 아니하며
(시편 1:1-2)

복 있는 사람의 다섯 가지 특징 중 둘째인 "죄인들의 길에 서지 아니하며"에 대해서 나누겠습니다.

본문에서 악함의 정도가 3단계로 나열되는데, 즉 악인, 죄인, 오만한 자입니다. 물론 혹자는 악인과 죄인은 같은 단계라고 말하기도 하지만 전체적으로 단계가 있는 것이 확실합니다.

반면에 이 악함에 대해 복 있는 사람이 어떻게 반응해야 하는지에 대해서도 역시 3단계로 설명되어 있습니다. 즉, 악함이 심해질수록 이를 거부하는 반응도 심해지는 것입니다. 이것이 복 있는 사람이 죄를 대하는 태도입니다.

그리고 본문에서 "죄인들의 길"이라고 함은 곧 "범죄의 길"을 의미하는데, 더 구체적으로는 지난 시간에 나누었던 "악인들의 꾀"를 반복하여 습관적인 일상이 되어 버린 것을 말합니다.

"꾀"는 더욱 구체적으로 편법을 넘어 악인들과의 "교제"를 말하기도 합니다. 그들과 교제하고 그들의 권면들을 들으며 말씀에 위배되는 편법을 취할 때가 많습니다. 이것은 한두 번 단회적이고 사소한 죄로 시작하여 결국은 아무런 죄의식도 느끼지 못하는 무감각한 상태가 됩니다.

오늘 말씀은 이렇게 일상이 된 작은 죄를 "죄인들의 길"이라고 말합니다. 단회적인 꾀로 시작하여 꾀가 일상이 되는 범죄가 된 것이지요.

우리가 기억해야 할 것은 범죄함은 큰 사건의 죄만 말하는 것이 아니라는 것입니다. 그래서 "꾀"의 유혹이 있을 때 우리는 "범죄"의 결과로 이어질 것을 생각해야 합니다. 당장의 유익보다 하나님의 영광이 가려질 수 있음을 생각해야 합니다.

이렇게 작은 죄의 위험은 죄에 대해 무감각하게 만들어 버리는 데 있습니다. 개구리를 처음부터 끓는 물에 집어넣으면 곧바로 튀어나오지만, 찬물에 넣어서 천천히 물을 데우면 튀어나오지 않습니다. 왜냐하면 천천히 데

워지는 물에 익숙해지고 뜨거운 것에 무감각해지기 때문입니다.

그래서 오늘 시편 기자는 악의 정도를 은유적으로 표현하면서 우리의 사소한 죄의 위험성을 말하고 있습니다.

우리는 예수님의 길을 따라가야 합니다. 예수님은 인간의 육신으로 이 땅에 오셔서 무려 30년이라는 긴 시간 동안 참고 인내하며 한 사람의 인간으로 살아 내셨습니다.

그뿐만 아니라 예수님은 사람들의 인정과 칭찬에 대해 교만하지 않으셨고, 오히려 그런 자리를 일어나 옮기셨습니다. 또한 병을 고치고 귀신을 내쫓는 이적을 행하셨지만 아무에게도 말하지 말라고 하셨습니다.

예수님은 붙잡히신 후에 유일하게 "내가 보니 이 사람에게 죄가 없도다"(눅 23:4)라고 말해 주었던 빌라도 앞에서조차 죄와 타협하지 않으셨고 스스로 하나님의 아들이심을 밝히셨습니다. 그 전에 예수님은 겟세마네에서 기도하실 때도 제자들의 무관심과 나태함에도 흔들리지 않으셨습니다.

우리는 예수님의 위대한 기도를 기억합니다.

내 아버지여 만일 내가 마시지 않고는 이 잔이 내게서 지나갈 수 없거든 아버지의 원대로 되기를 원하나이다 (마 26:42).

오늘 하루도 일상의 작은 "꾀"들을 주의하고 이것이 "죄인들의 길"이 될 것임을 기억하며 "죄인들의 길"에 서지 않는, 복 있는 사람의 믿음으로 살아가시길 축복합니다.

3. 오만한 자들의 자리에 앉지 아니하고
(시편 1:1-2)

오늘은 복 있는 사람의 셋째 특징인 "오만한 자들의 자리에 앉지 아니하고"에 대해서 나누겠습니다.

지난 시간 "죄"를 따르는 것이 반복되어 죄인의 길에 들어설 수 있음을 알았습니다. 이처럼 하나님은 죄의 흐름과 방향을 너무나도 잘 아시고 인간의 악한 습성도 잘 아십니다. 그래서 오늘 말씀처럼 죄의 흐름과 방향을 이토록 구체적으로 설명해 주시는 것입니다.

죄의 결과는 당장에는 유익이 되는 것 같으나 항상 유익이 되는 것은 아닐뿐더러 우리 영혼에는 아무런 유익이 안 됩니다. 오히려 죄가 이렇게 허용됨을 확인하며 오만해집니다. 다시 말해서 죄를 지었는데도 하나님이 이를 방관하거나 방치하고 있다는 생각, 또는 막지 않으시고 허용하고 있다는 생각을 하게 됩니다. 그런데 이런 생각이 들 때 발생하는 세 가지 증상들이 있습니다.

첫째, 하나님의 완전성을 의심하게 됩니다.

하나님이 완전하다고 여겼는데, 하나님도 무엇인가를 놓치는 것 같다는 생각을 합니다. 불법을 행한 사람이 계속 잘되고 성공하는 것을 보면서 하나님이 왜 가만히 계신지 의문이 생기고 더 나아가서는 하나님을 원망하게 되는 경우가 그러합니다.

둘째, 죄에 대한 감각이 둔해집니다.

죄를 짓게 되면 영혼이 타격을 입게 되는데, 이것이 반복되면서 타격을 받아도 감각이 없어지게 됩니다. 이것은 죄를 지어도 죄책감이나 양심의 가책을 느끼지 않게 되는 것과 같습니다.

셋째, 인간의 죄성을 발전시킵니다.

여기서 '발전시킨다'는 의미는 그 죄가 다른 죄와 연결되어 다른 죄에 호기심을 갖게 되거나 연구하게 되는 것, 또는 같은 죄를 완전 범죄로 업그레이드하려는 것입니다.

그중에 가장 심각한 문제는 첫째인 하나님의 완전성에 대한 의문을 갖는 것입니다. 하나님의 완전성을 의심하게 되면 우리 영혼의 문제를 하나님께 절대적으로 맡기지 못하게 됩니다. 그래서 우리 자신이 하나님의 일을 대신 하게 되는데, 성경은 이것을 "오만"이라고 표현합니다.

구체적인 예를 들자면, 평소에는 어떤 결정을 하기 전에 누군가의 권면을 들을지라도 하나님께 기도하여 하나님의 뜻을 구하면서 결정하던 사람이, 이제는 먼저 스스로 결정하고 나서 그렇게 하겠다고 기도로 하나님께 통보하고 자기 뜻을 지지해 주는 사람을 만나 위로받는 사람으로 변하게 되는 것입니다.

사람이 이렇게 오만해진 후에는 "오만한 자들"과 어울리게 됩니다. 이제는 자신의 인생을 하나님께 의지하기보다 자신이 주관하게 됩니다. 그래서 이런 오만은 결국 자신이 하나님처럼 되려고 계속 나아가게 됩니다.

오만한 사람이 되는 그 시작은 단회적인 "꾀"를 따르는 것입니다. 우리는 이런 "꾀"에 매우 조심해야 합니다. 하나님은 우리의 연약함을 나보다 더 잘 아시기에 이렇게 미리 말씀해 주시는 것입니다.

이제 "오만한 자들의 자리"에 대해서 알아보겠습니다. 이들은 죄를 적당히 지어도 된다고 생각하는 사람들, 적어도 나는 이 정도 죄를 지어도 괜찮다고 생각하는 사람들을 말합니다.

그들이 이런 생각을 하게 된 이유는 그동안 말씀을 따

라 살아온 자신의 삶에 대한 보상심리와 하나님의 사랑을 믿는다고 하나 말씀에는 무지함, 그리고 하나님처럼 되려고 하는 욕심에 있습니다.

그리고 죄로 인해 이득과 권력을 취하고 자기 이름을 내려 할 때 하나님의 말씀은 잔소리처럼 여겨집니다. 그러면서 죄를 합리화시키려는 연구를 합니다. 결국에는 세상의 지혜와 경험을 본받게 되는데 "모로 가도 서울만 가면 된다," "개같이 벌어서 정승같이 써라"는 식으로 현재 자신의 모습을 합리화합니다.

이런 예는 성경에 많이 나오는데, 대표적으로 바벨탑 사건을 들 수 있습니다. 하나님이 흩어지라고 명령하셨지만, 오히려 사람들은 모여 살고자 바벨탑을 쌓았습니다. 또한 그들이 자신들의 이름을 내고자 했다고 기록되어 있습니다. 하늘로 높이 올라가면 하나님처럼 될 수 있다고 생각한 것입니다. 그렇게 해서라도 하나님과 가까이 있으려 했다는 변명을 가졌는지도 모릅니다.

신약의 복음서에는 장로들의 전통에 관한 사건이 나옵니다. 장로들이 자신의 부유한 재산을 다른 사람들에게 쓰지 않으려고 하는데 심지어는 부모에게조차 쓰지 않으려고 합니다. 그래서 이 재산은 이미 하나님께 드렸다고 선언함으로써 부모를 물질로 공경할 의무를 저버리고 이 일을 합리화시켰습니다.

의인은 이런 "오만"의 죄를 날마다 묵상하며 이 모든 일들의 시작인 작은 "꾀"에서부터 조심하는 사람이고, 설령 자신이 그 "꾀"를 따르고 있을지라도 자신의 뜻을 하나님 앞에 꺾는 자기 부인의 삶을 살아갑니다. 우리는 이렇게 살아가기 위해서 말씀의 능력에 의지해야 합니다.

> 모든 성경은 하나님의 감동으로 된 것으로 교훈과 책망과 바르게 함과 의로 교육하기에 유익하니(딤후 3:16.).

말씀을 통해 우리는 교훈을 듣고 책망도 받으며 바르게 고침 받으며 의로 교육을 받아 성경이 말하는 복 있는 사람으로 살아갈 수 있게 됩니다.

이처럼 말씀의 묵상은 나를 바른 길로 인도해 갈 것입니다. 그리고 여기에 성령님이 함께 하십니다. 여기서 "성도의 견인" 교리가 나오는데, 이것은 앞으로 계속 나누도록 하겠습니다.

오늘도 오만한 자리에 앉지 않는 복 있는 사람으로서 일상을 살아 내시길 축복합니다.

4. 율법을 즐거워하여
(시편 1:1-2)

복 있는 사람에 대해 앞서 말한 세 가지 특징들은 모두 "악함"에 대한 내용이었습니다. 바로 "악인들의 꾀," "죄인들의 길," "오만한 자들의 자리"였습니다.

그리고 2절에서는 이 세 가지 악함을 이기는 방법에 대해 설명합니다.

첫째, 오직 여호와의 율법을 즐거워하는 것입니다.

둘째, 그의 율법을 주야로 묵상하는 것입니다.

가장 먼저 생각해야 할 것은 "여호와의 율법"의 능력입니다. 여호와의 율법에 능력이 있다는 것은 아닙니다.

그 율법을 즐거워하고 주야로 묵상할 때 능력이 있게 된다는 것입니다.

율법 자체가 아무리 위대해도 우리가 즐거워하고 묵상하지 않으면 무슨 소용이 있겠습니까?

우리가 율법을 즐거워할 때 율법이 능력으로 역사하는 것입니다.

여기서 "즐거워한다"는 말은 "크게 기뻐한다"는 뜻인데 그만큼 좋다는 뜻입니다. 무엇이든 좋아해야 즐거울 수 있습니다. 즉, 하나님이 주신 말씀을 사모해야 한다는 의미입니다.

그리고 "주야로 묵상하는도다"는 말씀이 즐거우니까 밤이나 낮이나 말씀을 읽고 통독을 하고 큐티를 하고 공부를 하는 것을 가리킵니다. 이렇게 되면 말씀을 입에 달고 살 정도가 될 것입니다.

결국은 우리가 말씀을 억지로가 아니라 정말 사모하여서 즐거움으로 주야로 묵상할 때 앞서 말한 악인들의 꾀를 따르지 아니하며 죄인들의 길에 서지 아니하며 오만한 자들의 자리에 앉지 아니하게 됩니다.

죄를 이기는 방법은 오직 하나님의 말씀밖에 없습니다. 우리가 죄를 이기지 못하는 이유는 말씀이 아닌 다른 것으로 이기려고 했기 때문입니다.

말씀이 아닌 다른 것들은 무엇일까요?

내 생각과 욕심이고 세상의 방법들입니다.

이전 시간에 말했듯이 "죄"라는 말은 "교제"라는 의미를 가지고 있다고 했습니다. 악인들이 옆에서 하나님의 말씀을 변질시키고 편법을 쓰라고 권합니다. 함께 모여서 교제를 나누다 보면 편법이 정도(正道)가 되어 설득을 당합니다.

예를 들자면 빨리 가야해서 운전할 때 길을 잘 아는 친구가 옆에서 불법 유턴, 역주행을 하면 더 빠르다고 말합니다. 그러면 상황이 평시일 때는 이 말에 크게 귀를 기울이지 않는데 상황이 급박하면 이 말을 듣게 됩니다.

그런데 만약 그 차에 사랑하는 부모님이나 아이들이 같이 타고 있다고 한다면 또 달라집니다. 아무리 급해도 부모님과 아이들이 있으니 오직 안전을 우선으로 운전하게 될 것입니다.

이렇게 내 인생에 하나님의 말씀이 옆에 있다면 우리는 죄의 유혹 앞에서 주의하게 될 것입니다. 이것이 말씀을 즐거워하여 주야로 묵상하는 사람의 모습입니다. 이 사람은 복 있는 사람입니다. 그래서 이 사람은 악인들의 교제 속에서 편법이 있음을 깨닫고 돌아서게 됩니다. 왜냐하면 그는 이미 말씀으로 살고 있기 때문입니다.

죄가 우리 욕심과 부딪히면 반드시 죄가 욕심 안에 틈을 타고 들어가고 더 큰 욕심이 되어 우리는 죄책감을 느끼지 못하게 됩니다. 그러나 죄가 말씀과 부딪히면 반드시 죄가 튕겨 나옵니다. 그래서 죄가 만천하에 드러납니다. 왜냐하면 말씀과 부딪힐 때 성령님이 역사하기 때문입니다.

죄가 항상 잠복해 있다가 틈을 타게 됩니다. 평소에는 잠잠하다가 욕심이 생길 때 그 욕심 안에 들어가 버립니다. 그래서 죄의 책임은 사탄에게 있는 것이 아니라 어디까지나 우리 자신에게 있습니다. 왜냐하면 아무리 사탄이 틈을 탈지라도 우리가 말씀 안에 거하며 은혜의 지배를 받는다면 죄를 이겨 낼 수 있기 때문입니다.

오늘도 하나님의 말씀을 옆에 두어서 말씀을 즐거워하고 주야로 묵상하는, 복 있는 사람의 일상을 살아가시길 축복합니다.

5. 다 형통하리로다
(시편 1:3-4)

그는 시냇가에 심은 나무가 철을 따라 열매를 맺으며 그 잎사귀가 마르지 아니함 같으니 그가 하는 모든 일이 다 형통하리로다 악인들은 그렇지 아니함이여 오직 바람에 나는 겨와 같도다(시 1:3-4).

시편 1편은 복 있는 사람과 악인들을 구분하여 그 특징을 말하고 있습니다. 그리고 복 있는 사람이 조심해야 할 세 가지 유형의 단계적 죄악과 그 죄악에서 스스로를 지킬 두 가지 방법을 묵상했습니다.

오늘은 복 있는 사람과 악인의 결과를 말합니다. 먼저 복 있는 사람이 형통함의 축복을 받을 것이라고 말하면서 이 "형통함의 축복"을 나무와 잎사귀의 관계를 예를 들어 설명합니다.

나무는 수분(물)과 양분을 흡수해야 자랍니다. 그런데 나무는 아무리 수분이 많고 양분이 많아도 흡수하지 못하면 죽습니다. 그래서 나무는 빛이 잘 비춰지고 물이 잘 공급되는 곳에서 잘 자랄 수 있습니다.

오늘 본문에 등장하는 시냇가 근처에 있는 나무들은 더할 나위 없이 좋은 조건입니다. 특별히 시냇가에 심긴 나무는 빛과 물을 항상 공급 받습니다. 그래서 그 잎사귀가 마르지 않는 것입니다.

시냇가가 아니라, 물이 잘 공급되지 않는 땅에 심진 나무들은 물을 공급 받는 방법이 강우 외에는 딱히 없습니다. 가정에 인위적으로 심긴 나무들은 사람이 주는 물에 의지해야 합니다.

그렇다면 가장 중요한 것은 시냇가 근처라는 환경입니다. 그 시냇가가 바로 하나님의 말씀입니다. 다시 말해서 양분은 바로 하나님의 은혜이고 수분(물)은 하나님의 말씀입니다.

성령님은 우리에게 항상 은혜를 허락하십니다. 그러나 은혜가 아무리 임해도 말씀을 묵상하지 않으면 은혜를 받을 수가 없습니다. 즉, 내 것으로 만들 수가 없습니다. 그래서 말씀이 너무도 중요한 것입니다.

말씀으로 즐거워하고 밤낮으로 묵상하는 사람은 하나님의 은혜가 항상 충만해서 악인들의 유혹으로부터 스스로를 보호할 수 있습니다. 이 사람이 복 있는 사람인데, 시편 1편은 그가 하는 모든 일들이 형통할 것이라고 축복합니다.

"형통"이란 모든 일이 뜻대로 잘 된다는 뜻입니다. 제가 외부 사역을 갈 때 조금 늦게 출발해서 마음이 급했던 적이 있습니다. 기도하면서 차가 고속도로에 진입을 했을 때 예상과는 다르게 차가 하나도 막히지 않아서 정해진 시간에 도착할 수 있었습니다. 이런 것을 "형통하다"라고 합니다.

하나님의 말씀을 묵상하는 사람이 하는 일은 바로 하나님의 영광을 위한 일이 되기 때문에 이 형통의 은혜는 곧 하나님의 영광을 위한 열매로 맺힙니다.

그러나 하나님의 말씀을 멀리하거나 전혀 묵상하지 않는 사람은 은혜를 간간히 받긴 하지만 말씀이 있는 은혜로운 예배에 참석하는 등의 특별한 시간을 갖지 않으면 은혜를 받지 못합니다. 이런 사람은 무슨 일을 하더라도 하나님의 뜻과 어긋나고 자기 욕심이 잔뜩 묻어 있기 때문에 형통하지 못하고 어려움을 당하게 됩니다.

이런 사람은 분명 하나님의 존재도 알고 은혜도 알지만, 말씀 묵상이 없기 때문에 은혜를 누리지 못합니다. 신앙은 은혜를 내 것으로 붙드는 것입니다.

4절에서는 "악인들은 그렇지 아니함이여 오직 바람에 나는 겨와 같도다"라고 말합니다. "겨"는 벼와 보리 등의 껍질을 통튼 표현입니다. 농부는 밀을 탈곡할 때 겨를 바람에 날려 버립니다. 겨는 필요가 없기 때문입니다.

그리고 "겨"는 너무나도 가벼워서 바람이 조금만 불어도 날아가 버립니다. 그 의미인즉슨 그만큼 은혜를 받는 듯하나 조금만 어려운 일이 있거나 마음에 부담이 되면 그 은혜는 날아가 버린다는 것입니다.

성령님은 항상 우리와 함께하시고 은혜는 항상 임하고 있습니다. 우리는 오직 말씀을 묵상하며 이 은혜를 내 것으로 흡수하며 살아야 합니다. 오늘도 말씀을 즐거워하며 밤낮으로 묵상하여 형통함의 은혜를 누리는 하루 되시길 축복합니다.

6. 여호와께서 인정하시나
(시편 1:5-6)

그러므로 악인들은 심판을 견디지 못하며 죄인들이 의인들의 모임에 들지 못하리로다 무릇 의인들의 길은 여호와께서 인정하시나 악인들의 길은 망하리로다 (시 1:5-6).

지난 시간에 복 있는 사람은 형통한 축복을 받고 악인들은 바람에 나는 겨처럼 날아가 버릴 것이라는 말씀을 나누었습니다.

오늘은 그 "형통"한 삶이 결국 어떤 인생의 열매를 맺게 되는지를 말합니다. 우리 인생의 최종 열매는 바로 하나님의 심판의 때에 나타납니다. 예수 그리스도께서 이 땅에 다시 오시겠다고 우리에게 분명히 약속하셨습니다.

다시 오신 예수님은 이 땅을 심판하실 텐데 그때에

복 있는 사람은 영원한 생명을 얻고 하나님 품에 안기는 복을 누리지만, 악인들은 돌이킬 수 없는 심판을 받게 됩니다.

우리가 전하는 복음은 구원과 심판에 대한 복음입니다. 자꾸 이것을 변질시켜서 구원이라는 말만 쓰고 심판이라는 말은 잘 안 쓰려고 합니다. 이렇게 심판이라는 말을 안 쓰는 이유는 듣는 사람들이 부담스러워할까 두려워하기 때문입니다.

그러나 분명히 성경은 "심판"의 날을 예언하며 "심판"의 실행을 선포하고 있습니다. 우리가 말하는 복음의 가장 중요한 핵심은 바로 이 심판의 날과 심판의 결과입니다.

시편 1편은 우리 인생의 전반적인 은혜와 축복을 말하면서 그 근거로 심판을 피하는 것을 가르치고 있습니다. 즉, 우리 구원받은 사람들에게 심판은 그저 은혜이고 축복입니다. 왜냐하면 심판이 누군가에게는 형벌이 되겠지만 우리 믿는 자에게는 축복이기 때문입니다.

악인들은 결코 이 축복의 자리에 서지 못합니다. 심판 날에 하나님 품에 안길 수가 없다는 말입니다.

> 무릇 의인들의 길은 여호와께서 인정하시나 악인들의 길은 망하리로다(시 1:6).

복 있는 자들은 심판 날에 우리 하나님께서 "인정"하신다고 말합니다. 여기서 사용된 "인정하다"라는 말의 의미는 우리를 알고 있는 정도를 넘어서 우리를 사랑하신다는 의미입니다. 그러니까 심판대에 서 있는 우리를 정말 사랑하셔서 우리를 품에 안아 주십니다. 이것이 "인정"입니다.

찬송가에 작사가로 자주 등장하는 크로스비 여사는 생후 1개월이 되었을 때 눈병이 심하게 났다가 그만 실명을 하게 됩니다. 그러나 이후에 그녀는 무려 1만여 편의 찬송 가사를 쓰게 됩니다.

어느 날 한 기자가 크로스비 여사에게 소원이 무엇인지 질문합니다. 기자는 그녀에게서 눈을 뜨고 싶다는 말을 듣고 싶었습니다. 그러나 크로스비 여사는 이렇게 말했습니다.

"나는 지금처럼 제 눈이 멀기를 원합니다. 왜냐하면 세상 때가 묻지 않는 이 눈으로 가장 처음 우리 예수님을 볼 것이기 때문입니다."

그녀가 지은 찬송가 337장 "인애하신 구세주여"의 영어 제목을 보면 "Pass Me Not, O Gentle Savior"라고 되어 있습니다. 해석하면 "자비하신 주님, 나를 지나치지 말아 주십시오"입니다. 그리고 한글 찬송에는 번역 과정에서 빠졌지만 원래는 1절에서는 나를 지나치지 말아 달라는 표현이 세 번이나 나옵니다. 마치 심판 날에 하나님 앞에 서 있는 한 영혼이 나를 알아봐 주고 안아 주시길 원하는 간절한 외침으로 느껴집니다.

제가 아는 형제가 있는데, 앞이 보이지 않습니다. 그 형제가 어느 날 교회 부흥회에서 찬양 인도를 했는데, 강사 목사님이 보시고는 예배가 끝나고 저에게 그 형제를 불러 달라고 했습니다. 그래서 형제를 불렀더니, 강사 목사님은 마음에 감동이 있으니 눈으로 앞을 보도록 기도해 주고 싶다고 했습니다. 그런데 이 형제가 다음과 같이 말했습니다.

"굳이 보지 않아도 모든 것을 보고 있고 은혜와 감사가 넘치고 있으니 보지 않아도 괜찮습니다."

이 말을 들은 강사님은 많이 당황해 하시는 듯 보였습니다. 이처럼 우리 믿는 사람은 보이는 것보다 보이지 않는 것을 믿음으로 의지하고 살아갑니다. 보이는 사람들에 대한 인정보다 보이지 않는 하나님의 인정을 받기를 소망하며 살아가야 합니다.

오늘 시편 기자는 복 있는 사람은 하나님이 "인정"하신다고 말합니다. 그 하나님의 사랑하심 앞에 심판의 날을 믿음으로 준비하고 악인들의 유혹과 죄와의 타협 앞에 굴복하지 않으며 말씀을 붙들고 말씀대로 살아가는 오늘 하루 되시길 축복합니다.

7. 너는 내 아들이라
(시편 2편)

　시편 2편은 다윗이 지은 시입니다. 다윗이 이스라엘의 왕으로서 이스라엘의 통일을 이룬 후에 이방 나라들은 끊임없이 이스라엘의 통치에서 벗어나고자 반란을 계획하였습니다. 다윗의 왕국은 이토록 정치와 군사적인 면에서 강대한 힘을 가지고 있었습니다.

　그때 이스라엘이 그토록 부강한 것은 하나님의 은혜였습니다. 이스라엘을 향한 하나님의 사랑과 그런 하나님을 의지하는 다윗의 믿음이 일치하여 역대 가장 강력한 나라로 세워진 것입니다.

　다윗은 그동안 사울과 압살롬을 통하여 고난 중에도 하나님을 의지해 왔습니다. 그렇기 때문에 이방 나라들이 연합하여 반란을 모의한다 해도 믿음이 흔들리지 않았습니다. 오히려 그들 앞에 다음과 같이 말하며 하나님을 신뢰했습니다.

> 하늘에 계신 이가 웃으심이여 주께서 그들을 비웃으시리로다(시 2:4).

반란은 작은 일이 아닙니다. 더욱이 여러 나라들이 연합하여 반란하는 일은 다윗에게 매우 불안한 일이지만, 다윗은 하나님이 세우신 나라에 대한 강력한 신뢰가 있었습니다.

그 신뢰의 구체적인 근거는 무엇이었습니까?

바로 하나님이 주신 언약의 말씀이었습니다.

> 내가 여호와의 명령을 전하노라 여호와께서 내게 이르시되 너는 내 아들이라 오늘 내가 너를 낳았도다 내게 구하라 내가 이방 나라를 네 유업으로 주리니 네 소유가 땅 끝까지 이르리로다(시 2:7-8).

다윗은 전쟁의 문제를 하나님의 언약으로 답하고 있습니다. 그만큼 하나님의 언약을 믿고 있었습니다.

이 언약에 대한 신뢰는 또 다른 믿음의 문제로 이어집

니다. 다윗은 다윗의 가문에서 메시아가 나실 것이라는 하나님의 약속에 대하여 의심과 실패의 가능성을 제기하는 소리들을 일축해 버립니다. 여기서 메시아는 반드시 오신다는 본질적인 결론을 내립니다. 다윗의 가문을 통해 오실 메시아에 대한 언약을 고백하면서 아무리 이방 나라들이 반란을 일으켜 이스라엘을 멸망시키려 해도 하나님이 지키신다는 것입니다.

그런데 여기서 질문이 생기는 것은 "후에 이스라엘은 결국 망하지 않는가"라는 질문입니다. 그렇습니다. 결국은 망했습니다.

이스라엘은 이 언약에 대한 믿음이 있었습니까?

후대의 왕들은 다윗의 이 믿음을 고백하지 못했습니다. 그래서 망했습니다. 오히려 다윗의 고백이 얼마나 중요한지 이스라엘의 패망을 통해 더욱 잘 드러난 것입니다.

우리는 확률과 가능성을 믿는 것이 아니라 하나님의 말씀과 언약을 믿어야 합니다. 저도 목회자의 길을 확률과 가능성으로 달려간다면 포기하게 될 것입니다. 절대로 그런 인간적인 기대만으로는 걸어갈 수 없는 길이고 앞으로도 그럴 것입니다.

그러나 세상은 모두 이런 안일한 기대로 살아가고 있

습니다. "하면 된다"라고 외치며 확률과 가능성에 기대어 살아가고 있습니다. 하지만 당장의 어려움 앞에 그들을 지켜 줄 수 있는 것은 자신 외에는 아무도 없습니다. 그러니 스스로가 해결하지 못하는 상황이 될 때 극단적인 선택을 하는 것입니다.

이번에 저희 교회가 재정적으로 조금 어려웠습니다. 그러나 어렵다고 외부에 도움을 요청하지 않았습니다. 하나님이 세우신 교회이고 하나님이 지키시는 교회라 믿었기 때문입니다. 그저 기도의 불을 강조하면서 기도하자고 했습니다.

얼마 전에 한 교회에서 후원이 들어왔는데 그 교회도 개척한 지 1년밖에 안 되었고 성도들도 5-6명이라 교인수로 보면 우리보다 더 작은 교회입니다. 그런데도 개척 1주년 특별헌금을 모아서 보내 주셨습니다.

어떻게 그럴 수가 있을까요?

이것은 하나님의 말씀으로 세워진 교회에 대한 강력한 믿음이 없다면 불가능한 일입니다. 이런 믿음을 우리도 본받아서 이렇게 믿음으로 흘려보내어야 할 줄 믿습니다.

오늘 하루도 세상의 잣대로 고민하기보다 하나님의 말씀과 은혜를 의지하여 살아가시길 축복합니다.

8. 구원은 여호와께 있사오니
(시편 3편)

    시편 3편은 다윗이 아들 압살롬의 반역으로 도피 생활을 할 때 쓴 시입니다.

    다윗은 왕이 되기 전에도 사울을 피해 도망 다녀야 했고 왕이 된 후에도 아들 압살롬을 피해 도망을 다녀야 했습니다. 다윗은 어찌 보면 많은 영광을 누렸지만 많은 고난도 당한 사람입니다. 그러나 많은 영광을 누릴 때나 많은 고난을 당할 때나 늘 다윗이 묵상한 것은 하나님이 절대 자신을 내버려두지 않으신다는 약속입니다.

    다윗은 10대의 어린 나이에 사무엘로부터 기름 부음을 받았습니다. 사울을 피해 도망을 다닐 때도 하나님의 동행하심을 경험했고 결국 왕이 되었습니다. 약속의 말씀도 받았고 삶의 고난 가운데 약속이 이루어짐을 경험하였습니다.

믿음이 연약한 사람은 힘든 고난을 당하면 상처를 받습니다. 비록 고난을 견뎌 내어 다시 일어나지만 그 상처가 깊어 후유증을 가지고 살아갑니다. 마치 전쟁에 참여한 백전노장이 현실로 돌아와서는 전쟁의 공포와 긴장을 버리지 못하고 일상생활을 하지 못하는 경우와도 같습니다.

그런데 다윗은 이런 큰 고난을 겪으면서도 상처의 흔적을 보이지 않았습니다. 왜냐하면 한결같이 하나님의 약속의 말씀을 믿고 의지했기 때문입니다. 자신에게 말씀하신 하나님의 말씀을 품고 보이는 상황을 의지하기보다 보이지 않는 하나님의 손길을 철저하게 믿었습니다. 그래서 왕이 된 후에 아들 압살롬이 반역을 일으켰을 때 믿음으로 이겨 냅니다.

군사력을 장악한 압살롬이 왕궁으로 쳐들어온다는 소식을 듣고 야반도주하여 급히 도망갈 때 바후림 지역을 지나게 됩니다. 거기서 시므이라는 사람이 나와 다윗을 저주하는데, 다윗은 이 저주 앞에서도 약한 모습을 보이지 않고 오히려 그를 살려 둡니다.

물론 다윗도 고난 속에서 많은 심적 어려움을 겪었습니다.

> 여호와여 나의 대적이 어찌 그리 많은지요 일어나 나를 치는 자가 많으니이다 많은 사람이 나를 대적하여 말하기를 그는 하나님께 구원을 받지 못한다 하나이다 (시 3:1-2).

이 시편의 내용은 사무엘서에서 다윗의 이야기를 볼 때는 나오지 않습니다. 사무엘서는 역사서라 그의 구체적인 심리적 고백이 나오지 않기 때문입니다. 그런데 이 시편에서 그때의 심리적 고뇌를 엿볼 수 있는데 이토록 마음이 어려웠습니다.

더욱이 반역자들이 소문 내기를, 하나님이 더 이상 다윗을 구원하지 않을 것이라고 했습니다. 이런 이야기를 들으면 정말 자존심도 상하고 화도 나게 되어 있습니다. 도망치는 자신의 불안한 상황에 소문까지 다윗을 힘들게 했습니다. 이어지는 시편의 내용에서 다윗이 어떻게 반응을 했는지가 나옵니다.

> 여호와여 주는 나의 방패시요 나의 영광이시요 나의 머리를 드시는 자이시니이다 내가 나의 목소리로 여호와께 부르짖으니 그의 성산에서 응답하시는도다 내

가 누워 자고 깨었으니 여호와께서 나를 붙드심이로다 (시 3:3-5).

다윗은 사탄과 압살롬에게 보란 듯이 오히려 더 하나님을 의지했습니다. 어찌 보면 이 고백은 자신의 믿음에서 우러나오는 고백이기도 했지만 더 확신을 가지려고 선포하듯이 고백한 것이기도 했습니다.

제가 전도사 시절에 아주 작은 교회를 섬겼는데, 어느 연세가 많으신 권사님이 십일조 헌금 봉투가 떨어졌다고 준비해 달라고 하셔서 제가 주중에 준비하겠다고 했습니다. 그런데 그것을 본 다른 성도님이 담임목사님에게 가서 아무개 권사가 전도사님에게 십일조를 개인적으로 하겠다고 얘기하는 걸 들었다고 말했습니다. 그리고 담임목사님이 저를 불러서 물으시는데 저는 너무 억울했고 화가 났습니다. 물론 이야기는 잘 되었고 오해의 여지를 주지 말라는 권면을 듣고 마무리되었습니다.

집에 오는 길에 어찌나 화가 나는지 자존심도 상하고 그런 사람이 잠시라도 된 것에 대해 화가 났습니다. 그런데 목사님의 권면이 생각났습니다. 목회자가 이런 일 당하면 하나님을 붙들고 기도하는 것 외에는 그 누구도 찾아가서 위로받으려 하면 안 된다는 말이었습니다.

그래서 지하철로 가던 중에 찬양을 들었습니다. 그 찬양이 바로 "세상의 유혹 시험이 내게 몰려올 때에"였습니다.

> 세상의 유혹 시험이 내게 몰려올 때에
> 나의 힘으론 그것들 모두 이길 수 없네
> 거대한 폭풍 가운데 위축된 나의 영혼
> 어찌할 바를 몰라 헤매이고 있을 때
>
> 거짓과 속임수로 가득 찬 세상에서
> 어디로 갈지 몰라 머뭇거리고 있네
> 공중의 권세 잡은 자 지금도 우리들을
> 실패와 절망으로 넘어뜨리려 하네
>
> 주를 찬양 손을 들고 찬양
> 전쟁은 나에게 속한 것 아니니
> 주를 찬양 손을 들고 찬양
> 전쟁은 하나님께 속한 것이니.

구원은 여호와께 있사오니 주의 복을 주의 백성에게 내리소서(시 3:8).

오늘도 다윗처럼 고백하며 믿음으로 일상을 살아 내는 하루 되시길 축복합니다.

9. 여호와를 의지할지어다
(시편 4편)

시편 4편도 다윗이 압살롬에게 도망 다니던 중에 지은 시입니다. 시편 3편에서는 다윗이 하나님의 약속의 말씀을 붙들고 고난을 이겨 내었다고 한다면, 4편에서는 또 다른 은혜를 붙들고 고난을 이겨 내는 모습이 그려집니다. 그것은 바로 지난날 고난 가운데 은혜를 주셨던 경험을 묵상하는 것이었습니다.

> 내 의의 하나님이여 내가 부를 때에 응답하소서 곤란 중에 나를 너그럽게 하셨사오니 내게 은혜를 베푸사 나의 기도를 들으소서(시 4:1).

다윗은 지금 왕이 된 이후에 아들 압살롬의 반란으로 도망 중에 있습니다. 그리고 1절에서 고백하기를 왕이 되기 전, 사울을 피해 도망 다니던 중에 하나님의 은혜로 결국 왕으로 세워지는 놀라운 간증의 경험을 말하고 있습니다.

우리가 날마다 말씀을 묵상하며 살아야 하는데, 여기에 한 가지가 더 있어야 합니다. 즉, 과거에 주셨던 은혜의 경험을 되새기며 감사하고 그때의 하나님이 지금의 하나님과 동일하시며 여전히 함께 계시다는 것을 믿으며 기도하는 것입니다.

하나님은 절대 변치 않으십니다. 절대 우리를 놓지 않으십니다.

하나님은 어제도 오늘도 내일도 여전히 우리와 함께하심을 믿으십시오.

세상을 창조하신 이후로 하나님은 죄악 가운데 있는 우리 인류를 끝까지 붙드시고 세상을 이처럼 사랑하사 독생자 예수를 보내어 주신 분입니다.

다윗은 자신을 비방하는 사람들을 향해 담대히 외칩니다.

> 인생들아 어느 때까지 나의 영광을 바꾸어 욕되게 하며 헛된 일을 좋아하고 거짓을 구하려는가 여호와께서 자

> 기를 위하여 경건한 자를 택하신 줄 너희가 알지어다 내가 그를 부를 때에 여호와께서 들으시리로다(시 4:2-3).

다윗은 믿음으로 알고 있었습니다. 즉, 비방하는 사람들의 말이 당장은 마음을 아프게 하지만 결국 우리 하나님은 경건한 자의 기도를 들으시고 응답하신다는 것을 믿었습니다. 그래서 다윗은 이런 비방의 소리 가운데 기도에 집중했습니다. 우리가 세상을 살다가 겪는 마음고생은 기도 외에는 해결될 수 없습니다.

사실 우리는 어떤 비방의 소리를 듣게 될 때 분노하고 복수하고자 하는 마음을 갖습니다. 그래서 서로 비방하며 서로 상처를 주려고 합니다. 그러나 다윗은 말합니다. 그럴 때 자신은 서로 비방하기보다 오히려 기도하기에 힘쓰겠다고 말합니다.

> 너희는 떨며 범죄하지 말지어다 자리에 누워 심중에 말하고 잠잠할지어다 의의 제사를 드리고 여호와를 의지할지어다(시 4:4-5).

저는 이 구절에서 "심중에 말하고 잠잠할지어다"라는

말씀이 너무 은혜가 됩니다. 다윗도 비방의 소리를 듣고 기도하며 이겨 내었지만 그의 마음은 우리와 마찬가지로 그도 "범죄"하고 싶은 복수심이 넘쳤습니다. 그러나 다윗은 터져 나오는 복수심에 불탄 저주의 말들 앞에 힘들어 했지만 결국은 마음속으로 참았습니다. 그리고 그 마음을 들고 하나님 앞으로 가서 의의 제사를 드렸습니다.

이 마지막에 나오는 "의의 제사"는 오늘 우리에게 큰 도전이 됩니다. 이는 아브라함이 100세에 난 이삭을, 그것도 하나님의 약속의 말씀으로 주신 아들을 아픈 심정을 이겨 내고 제단 위에 바치는 순종을 한 것과 같고, 예수님이 겟세마네에서 기도할 때 이 잔이 자신에게서 지나갈 수만 있다면 그렇게 해 달라고 기도하셨음에도 결국 순종하고 십자가로 나아간 것과 같습니다.

그 마지막 순종이 하나님에게는 의의 제사입니다. 그리고 그렇게 순종으로 의의 제사를 드릴 때 드디어 알게 되는 것은 하나님의 품이 이 세상에서 가장 안전하다는 사실입니다.

제가 20대 청년 시절에 참 상처가 되는 일이 있었습니다. 밤잠을 설치며 잠을 자지 못했고 베개를 적실 정도로 많이 울었습니다. 그런데 하루는 자취방에서 혼자 자고 있는데 같이 살던 친구가 밤중에 조용히 들어오는 것 같더니 제 이마를 만졌습니다. 저는 그 따뜻한 손길과 감촉을 잊을 수가 없습니다. 그런데 눈을 떠보니 아무도 없었습니다. 친구는 그날 집에 들어오지 않았습니다.

저는 아직도 그 손길을 기억합니다. 그리고 그 손길이 하나님의 손길이라고 믿습니다. 힘든 일이 있을 때면 말씀을 붙들면서도 그때 나를 위로하신 하나님이 지금도 함께 하신다는 믿음을 가지니 더욱 힘이 납니다.

이런 믿음이 다윗의 고백처럼 지금의 저를 흔들리지 않게 합니다. 그리고 다윗은 4편의 고백을 이렇게 마무리합니다.

> 내가 평안히 눕고 자기도 하리니 나를 안전히 살게 하시는 이는 오직 여호와이시니이다(시 4:8).

오늘도 말씀과 기도를 붙들며 살면서 과거의 은혜를 묵상하는 하루 되시길 축복합니다.

10. 주의 이름을 사랑하는 자들은
(시편 5편)

시편 5편 역시 계속된 다윗의 고백입니다. 고난도 잠깐이 아니라 계속 길어지면 아무리 믿음이 견고한 사람이라도 지칠 수 있습니다. 다윗도 시편에서 여러 편에 걸쳐 고백하고 있는 것을 보면 긴 고난 속에 그가 얼마나 힘든 시간을 보내고 있는지 알 수 있습니다.

다윗은 고난이 길어지는 것에 대해 기도의 분량을 채우는 것으로 반응했습니다. 다윗은 새벽마다 하나님께 자신의 부르짖는 소리를 들어 달라고 기도했습니다.

> 여호와여 아침에 주께서 나의 소리를 들으시리니 아침에 내가 주께 기도하고 바라리이다(시 5:3).

이런 기도가 그로 하여금 긴 고난 가운데서 견고하게

믿음을 갖도록 지켜 주었습니다. 그가 사울로부터 도망 다닐 때는 해가 뜨면 다른 곳으로 도망을 가야 하니 밤과 새벽을 이용해서 기도를 했을 것이고, 압살롬으로부터 도망을 다닐 때는 왕으로서 600여 명의 사람들과 함께 했기 때문에 역시 낮에는 기도할 여유가 많지 않았을 것입니다.

지금 우리도 해가 뜨면 각자의 사업장과 직장과 가정에서 일을 하느라 바쁘니까 이 새벽 시간이 가장 좋은 기도의 시간입니다. 고난 앞에서 우리는 말씀의 은혜와 과거의 은혜를 되새기며 힘을 냅니다. 그리고 이 고난이 길어질 때 기도의 힘으로 이겨 내야 합니다.

그런데 당시 이스라엘에서 "새벽"은 동이 트는 이른 아침을 말하는데, 여기에 중요한 의미가 담겨 있습니다. 이스라엘에서는 왕이 재판장의 역할을 했는데, 재판장은 재판을 하고 아침에 판결을 내립니다. 그리고 이 아침에 재판을 신청하러 가기도 합니다.

사무엘하 15장에서 다윗 왕에게 재판을 신청하러 아침에 사람들이 왔습니다. 그런데 그때 미리 압살롬이 기다리고 있다가 그 사람에게 거짓말을 하여 속이고 자기 사람을 만듭니다. 그는 다윗이 재판을 할 마음이 없는 부당한 사람이니 자기가 정의롭게 재판해 줄 것이고, 자기를 믿으라고 했습니다.

다윗은 이렇게 왕으로서 아침마다 재판과 판결을 내렸습니다. 그래서 오늘 본문에 "나의 왕, 나의 하나님"이라고 고백했을 때, 그 의미는 하나님의 많은 역할 중에 재판장이신 하나님을 묵상하며 고백한 것입니다.

그리고 새벽이 되어서 하나님의 재판에 대한 판결을 기다린다고 말합니다. 여기서 기다린다고 할 때 이 기다림은 바로 판결에 대한 기다림입니다.

그 재판장 되신 하나님께 악인들의 죄를 고하는 상황이니까 다윗이 아주 구체적으로 그 죄악을 설명하고 있는 것입니다.

> 그들의 입에 신실함이 없고 그들의 심중이 심히 악하며 그들의 목구멍은 열린 무덤 같고 그들의 혀로는 아첨하나이다 하나님이여 그들을 정죄하사 자기 꾀에 빠지게 하시고 그 많은 허물로 말미암아 그들을 쫓아내소서 그들이 주를 배역함이니이다(시 5:9-10).

이 표현들이 얼마나 기가 막힙니까!

성경을 읽는 저도 속이 다 시원했습니다. 그리고 다윗은 이 재판에서 하나님이 자신을 보호하실 것을 믿었습니다. 날마다 새벽에 기도하면서 이 확신을 가지고 기도한 것입니다.

하나님은 사랑의 하나님이십니다. 그러나 죄 앞에서는 판단하시는 하나님이십니다. 그래서 반드시 악인을 심판하십니다. 우리의 시간으로 볼 때 가만히 계시는 것 같지만 하나님의 시간으로 볼 때 분명 일하고 계시고 판단하고 계십니다.

우리가 흔히 "귀신은 뭐하고 있나 저 사람 안 잡아가고"라고 말합니다. 그리고 기다리다 화를 못 이겨서 스스로가 재판하고 판단하고 싸워 버립니다. 물론 다윗도 압살롬과 결국 싸웁니다. 전쟁을 하고 요압에 의해서 압살롬이 죽음을 맞습니다.

그런데 이 싸움은 분노와 복수를 위한 싸움이 아니었고 칼을 들고 군대를 이끌고 찾아온 반역자들에 대해 정당한 싸움으로 정의를 회복한 것입니다. 그리고 그 싸움에 앞서 다윗은 새벽마다 기도하며 하나님의 판결을 기다렸다는 것이 중요합니다.

다윗이 기도하면서 믿었던 것은 하나님은 하나님의 이

름으로 사랑하는 자들을 위해 재판하신다는 것입니다. 그러니 확신을 가지고 기도할 수 있었습니다.

하나님이 얼마나 공의롭고 정직한 재판장이신가 하면 자기의 독생자 예수가 십자가에 못 박히셨을 때도 그 십자가 고난의 의미와 스스로 하신 약속의 성취를 위해 아들을 죽이십니다. 그 어떤 특혜나 징계의 감함을 허락하지 않으시고 징계하며 판결을 내리셨습니다.

이것이 하나님의 공의입니다. 하나님은 하나님 자신의 이름을 사랑하는 자들을 위해 지금도 악인들을 판단하십니다. 그리고 그 공의의 하나님은 일하십니다. 우리의 시간을 초월하여 영혼을 주관하시는 하나님이 하나님의 방식대로 일하십니다.

오늘도 다윗처럼 하나님의 재판을 신뢰하며 날마다 기도하고 그 확신으로 담대히 하루를 살아가시길 축복합니다.

11. 사람이 무엇이기에
(시편 8편)

시편 8편은 다윗의 시로서, 창조주 하나님의 위엄을 강조하면서 하나님의 사랑에 익숙해져 그 사랑을 가볍게 생각하는 우리 인간들에 대한 진중한 반성을 요청하는 고백입니다.

> 사람이 무엇이기에 주께서 그를 생각하시며 인자가 무엇이기에 주께서 그를 돌보시나이까 그를 하나님보다 조금 못하게 하시고 영화와 존귀로 관을 씌우셨나이다 (시 8:4-5).

하나님은 세상의 모든 만물과 우리 사람을 창조하셨습니다. 하나님을 묵상할 때 이 창조주의 위엄은 가장 중요합니다. 우리가 흔히 하나님을 생각할 때 아버지로 생각하지만 그럼에도 이 땅의 창조주이심을 잊어서는 안 됩니다.

태초에 하나님이 천지를 창조하셨을 때 하나님은 아담에게 선악과의 존재를 알리시고 그 실과를 따먹지 말라고 하셨습니다. 여기서 왜 선악과를 만드셔서 아담으로 하여금 죄를 짓도록 만드셨는지에 대한 의문을 가질 수 있습니다.

그러나 하나님은 타락 이전의 완전했던 세상을 아담에게 맡기셨습니다. 온 세계는 하나님의 섭리 가운데 아름다운 연합을 이루었습니다. 아담이 그 세상을 맡아 동물들의 이름을 지어 주며 살았습니다.

하나님은 아담을 돕는 베필로서 여자를 창조하셨으니 사람에게 얼마나 많은 은혜가 있었던 것입니까?

그러나 하나님은 아담이 온 세상의 주인이라고 말씀하지 않으셨습니다. 비록 아담에게 세상을 다스리도록 하셨지만 그 세상의 주인, 즉 아담의 주인은 바로 하나님이십니다.

그래서 하나님은 모든 것을 다 가졌던 아담에게 선악과를 금하셔서 유일하게 아담이 가지지 못하는 것이 있게 하셨고, 아담이 이 선악과를 볼 때마다 자신이 세상의 주인이 아니라 하나님이 주인이심을 기억하도록 하셨습니다. 그럼에도 불구하고 아담은 하나님께 범죄하였습니다.

이런 일들은 성경의 여러 곳에서 나옵니다. 출애굽 시대에 하나님이 이스라엘 백성들을 보호하셨습니다. 그래서 불기둥과 구름기둥이 함께 하도록 허락하셨고 그들이 위기에 처할 때마다 기적을 베풀어 구해 주셨습니다. 민수기 21장에서는 가나안 사람 아랏 왕이 이스라엘 사람 몇 명을 사로잡게 되는데 이스라엘이 하나님께 기도하니 하나님이 가나안 사람과의 전투에서 이기도록 하셔서 그 포로된 자들을 구출해 내십니다. 그때 그 장소를 "호르마"라고 했던 것입니다.

그런데 곧바로 이스라엘이 먹는 것을 가지고 불평합니다. 성경에는 "이 하찮은 음식을 싫어하노라"라고 기록되어 있습니다. 그때에 하나님이 진노하십니다. 하나님은 이스라엘의 행동을 보면서 그들이 하나님을 자기들의 주인이요 창조주로 여기지 않고 자기들의 필요를 채워주는 "노예 신" 정도로 생각하고 있음을 아신 겁니다. 그래서 불뱀을 보내셔서 많은 사람들을 죽게 하십니다.

그리고는 다시 놋뱀을 달아 올리게 하고는 그 놋뱀을 쳐다보는 사람만 살려 주셨습니다. 결국 다시 한 번 하나님이 왕이시요 주인이시요 창조주이심을 확인시켜 준 사건이었습니다.

오늘 본문에서도 시인은 창조주 하나님의 위엄을 선포하며 인간의 교만함을 내려놓고 하나님을 찬양합니다.

> 주의 손으로 만드신 것을 다스리게 하시고 만물을 그의 발 아래 두셨으니 곧 모든 소와 양과 들짐승이며 공중의 새와 바다의 물고기와 바닷길에 다니는 것이니이다 여호와 우리 주여 주의 이름이 온 땅에 어찌 그리 아름다운지요(시 8:6-9).

이토록 시인은 하나님이 창조하실 때의 일들을 일일이 열거하면서 찬양합니다. 아주 오랜 세월이 지나고 이제는 창조의 이야기가 아주 먼 옛날 호랑이가 담배 피던 시절의 이야기처럼 되어 버린, 지금의 우리 사회는 이 창조의 이야기를 잊고 살아갑니다.

많은 그리스도인들이 믿음의 조상들과 선배들의 유산을 이어받아서 하나님을 찬양하고는 있지만 아버지 되시고 친구 되신 하나님을 찬양하면서도 창조의 하나님을 찬양하는 일이 점점 사라지고 있습니다.

오늘 우리는 이 시인의 고백에 귀를 기울여야 합니다. 시인의 첫 고백을 봅시다.

> 여호와 우리 주여 주의 이름이 온 땅에 어찌 그리 아름다운지요 주의 영광이 하늘을 덮었나이다(시 8:1).

보십시오.

주의 영광이 하늘을 덮었다고 고백합니다. 그 아름다운 영광을 시인은 보고 있는 것입니다. 진정 아름답다고 그의 믿음으로 경의를 표할 만큼 자세하고 실제적으로 보고 있습니다.

오늘 하나님은 이 영광의 기쁨이 우리 안에 있는지를 우리에게 질문하십니다. 세상의 먹고사는 문제와 예수 없는 복음으로 하나님을 나의 노예로 만들어 버린 시대에 다시 그 창조주 하나님의 위엄과 창조의 영광을 묵상하고 그 은혜를 회복하라고 하십니다.

제게 오래된 친구가 있습니다. 학생 시절에 함께 신앙생활하며 교회에서 봉사했던 친구입니다. 그와의 추억이 아직도 생생히 기억납니다. 그리고 그 친구는 직장에 들어가고 결혼을 하고 자식이 생겼습니다. 그리고는 하루

하루 세상을 벗 삼아 신앙을 잊어버리고 살았습니다.

그런데 어느 날 회사가 갑자기 어려워져서 월급이 반토막이 났고 아내는 병이 들어 수술을 하게 되었습니다. 얼마나 갑작스러운 일이었는지 급한 일들을 처리하고 정신을 차려 보니 지금까지 살아온 인생이 너무 허무하다는 생각이 들었다고 합니다.

그리고 늦은 밤까지 야근을 하고 집으로 가던 길에 무심코 어두운 하늘을 쳐다보았는데 하늘의 달과 별을 보며 우리가 학생 시절에 불렀던 찬양이 생각났습니다.

> 하늘의 해와 달들아 소리 높여 찬양하여라
> 나팔소리 비파와 수금으로 춤추며 찬양하여라
> 높은 산과 넓은 바다 모두 주를 찬양하여라
> 호흡이 있는 자마다 여호와를 찬양하여라
> 세상 모든 사람들아 주를 찬양하라
> 살아 계신 나의 하나님을 ….

그 찬양을 다시 부르면서 그동안 잊어버린 한 가지를 기억해 냈습니다. 바로 이 세상을 창조하신 하나님 아버지였습니다. 언제나 나를 돌보시지만 여전히 경배해야 할 창조주 하나님이었습니다. 그 묵상이 다시금 고난 가운데 기도로 하나님을 붙들게 하였습니다.

오늘도 하나님의 창조의 권능을 높이 찬양하며 세상 만물의 안개와 같은 허상에 속지 말고 여전히 하나님을 의지하고 찬양하는 하루 되시길 축복합니다.

제2부

예수의 말씀으로 위로하시는 하나님

1. 고아와 압제 당하는 자를 위하여 (시편 10:1-18)
2. 정직한 자는 그의 얼굴을 뵈오리로다 (시편 11:1-7)
3. 비열함이 인생 중에 높임을 받는 때에 (시편 12:1-8)
4. 내가 사망의 잠을 잘까 하오며 (시편 13:1-6)
5. 여호와는 그의 피난처가 되시도다 (시편 14:1-7)
6. 정직하게 행하며 공의를 실천하며 (시편 15:1-2)
7. 영원히 흔들리지 아니하리이다 (시편 15:3-5)
8. 생명의 길을 내게 보이시리니 (시편 16:1-11)
9. 주의 눈으로 공평함을 살피소서 (시편 17:1-8)
10. 주의 형상으로 만족하리이다 (시편 17:9-15)
11. 나의 힘이신 여호와여 (시편 18:1-3)
12. 여호와께서 나의 의지가 되셨도다 (시편 18:4-19)
13. 우리 하나님 외에 누가 반석이냐 (시편 18:20-31)
14. 완전하게 하시며 (시편 18:32-50)
15. 하늘의 장막을 베푸셨도다 (시편 19:1-14)
16. 이름을 자랑하리로다 (시편 20:1-9)
17. 마음은 영원히 살지어다 (시편 22:12-31)
18. 여호와는 나의 목자시니 (시편 23:1-6)
19. 성실과 정직으로 나를 보호하소서 (시편 25:1-22)
20. 내가 누구를 두려워하리요 (시편 27:1-6)

1. 고아와 압제 당하는 자를 위하여
(시편 10:1-18)

 시편 10편은 전편인 9편과 함께 원래는 하나의 시로 구성되어 있었는데, 그중에 9편은 감사의 시이고, 10편은 탄원의 시입니다. 그래서 오늘 본문은 당시의 시대적인 고통과 아픔에 대한 시인의 간절한 탄원의 마음이 담겨 있습니다.

 그 구체적인 내용을 말하자면, 왜 악한 자들의 죄악과 힘없고 가난한 자들을 괴롭히는 일들에 대해 하나님이 속히 심판하지 않으시는지에 대한 불평, 그리고 어서 빨리 이런 고통의 상황들이 사라지도록 하나님의 역사를 간절히 구하는 탄원의 내용입니다.

> 여호와여 어찌하여 멀리 서시며 어찌하여 환난 때에 숨으시나이까 악한 자가 교만하여 가련한 자를 심히 압박

하오니 그들이 자기가 베푼 꾀에 빠지게 하소서 악인은 그의 마음의 욕심을 자랑하며 탐욕을 부리는 자는 여호와를 배반하여 멸시하나이다(시 10:1-3).

시인은 하나님께 "환난 때에 숨으시나이까"라고 말합니다. 이런 표현은 모태 신앙으로 자라온 저에게는 너무도 충격적인 표현이었습니다. 처음 성경을 읽으면서는 너무 이해가 되지 않아서 몇 번이고 반복해서 읽었던 적도 있었습니다. 그리고 이렇게 생각했습니다.

'도대체 시인은 신앙이 있는 사람일까?'

'어떻게 하나님에게 저런 무자비한 표현을 사용할 수가 있을까?'

그런데 제가 인생을 살며 나이가 좀 들고 어려운 일들을 겪어 보면서는 시인인 다윗조차 이런 표현을 썼다는 것이 너무 공감이 되었고 오히려 고맙기까지 했습니다. 제가 차마 하지 못할 표현을 써 주었으니까요.

왜 이런 표현을 썼을까요?

그만큼 고통의 상황이 계속되었기 때문입니다.

> 악인은 그의 교만한 얼굴로 말하기를 여호와께서 이를 감찰하지 아니하신다 하며 그의 모든 사상에 하나님이 없다 하나이다(시 10:4).

지금도 하나님을 모르는 사람들은 세상의 큰 슬픈 일들을 보면서 "하나님이 무엇하고 있느냐," "하나님이 존재한다면 이런 일이 있을 수 있느냐"는 말을 많이 합니다. 그리고는 하나님은 없다고 주장을 합니다.

그리고 세상에서 힘을 가진 사람들은 부정직한 방법으로 돈을 벌고 흔히 말하는 갑질을 하면서 분명 악한 삶을 사는데도 그 힘이 약해지지 않고 더욱 잘 살기도 합니다. 그리고 그런 사람들은 자신이 절대로 무너지지 않을 것이라고 당당하게 주장합니다.

> 그의 마음에 이르기를 나는 흔들리지 아니하며 대대로 환난을 당하지 아니하리라 하나이다(시 10:6).

이 시가 기록될 당시에나 지금이나 하나님의 공의가 우리가 원하는 때에 딱 맞도록 일어나지 않을 때가 참 많습니다. 그래서 하나님에 대한 원망이 생길 때도 있습니다. 그러나 오늘 시인은 그런 시대의 아픔을 하나님이 결코 지나치지 않을 것을 믿으면서 그 믿음의 근거로 하나님의 속성과 성품에 주목합니다.

> 주께서는 보셨나이다 주는 재앙과 원한을 감찰하시고 주의 손으로 갚으려 하시오니 외로운 자가 주를 의지하나이다 주는 벌써부터 고아를 도우시는 이시니이다 악인의 팔을 꺾으소서 악한 자의 악을 더 이상 찾아낼 수 없을 때까지 찾으소서(시 10:14-15).

그리고 이 하나님이 자기의 속성과 성품을 드러내시길 탄원합니다. 그리고 이 시는 탄원으로 끝나 버립니다. 그래서 어떻게 되었다는 결론은 쓰여 있지 않습니다.

그러나 우리는 이 시편에 기록되지 않는 결론을 이미 알고 있습니다. 하나님이 이스라엘을 어떻게 인도하셨는지에 대한 역사를 이미 알고 있습니다. 그렇다면 이 시의 탄원이 어떻게 응답되었는지도 압니다. 하나님은 일하셨고 심판하셨습니다. 그리고 다시 마지막 심판의 때를 위해 지금도 일하고 계십니다.

더 중요한 것은 시인인 다윗이 이렇게 탄원했다는 사

실에 있습니다. 왜냐하면 다윗이 왕이 되고 난 후에 이 시의 탄원의 내용대로 얼마나 나라를 공의와 정의로 세우려고 노력했는지 이제야 이해할 수 있게 되었기 때문입니다.

다윗의 이런 탄원의 마음을 그가 왕으로서 나라를 다스릴 때 최고 우선순위와 원칙으로 삼았습니다. 백성들의 가난함과 힘 있는 자들의 갑질에 대하여 늘 관심을 가지고 해결하려 노력했습니다. 그래서 백성들이 이른 아침마다 법적으로 송사할 일들을 가지고 와서 재판을 신청하였고 왕이 재판하여 그 결과를 백성들에게 알려 주어서 백성들이 나라의 보호를 받을 수 있도록 했습니다.

그리고 아들 압살롬의 반역으로 쫓겨서 마하나임으로 도망갔을 때 그곳에서 다윗을 공궤했던 사람들이 등장하는데 그 사람들 중에 바르실래라는 노인이 있었습니다. 나이가 80세였는데 이 노인은 사울 왕 때부터 나라의 국정 능력을 실감해 왔던 사람입니다.

사울 왕 때는 나라가 가난했습니다. 외부의 침략이 자주 있었고 왕은 백성에게 관심이 없었습니다. 그러나 다윗은 왕이 된 후에는 가장 강력한 힘으로 나라를 평안하게 다스렸고 백성들이 굶주리지 않게 하였는데 그 혜택을 본 사람들이 다윗의 도피 시절에 공궤하며 도왔던 것입니다.

이렇듯이 오늘의 시인의 기도는 그로 하여금 내일의 정의로운 왕이 되게 해 주었습니다. 하나님은 탄원하는 자를 탄원에 응답하는 도구로 사용하신 것입니다. 다윗의 기도는 다윗 스스로를 통해 응답되었습니다.

얼마나 우리 하나님은 위대하신 분이십니까!

저도 매일 새벽마다 기도합니다. 이 시대의 고통스런 참상과 이 시대 교회들의 타락과 이 시대에 억압 받고 가난한 자들에 대한 탄원의 마음을 가지고 기도합니다. 저도 이런 믿음을 가지기를, 저를 하나님의 공의를 위해 사용해 달라고 기도합니다.

오늘 이 시가 그런 기도의 근거가 되었습니다.

여러분들도 같이 기도합시다.

우리의 기도는 반드시 하늘 보좌에 상달될 것입니다. 우리 예수님이 중보하고 계시기 때문에 반드시 상달됩니다. 그리고 반드시 응답됩니다.

그러니 기도합시다.

오늘 시인은 이렇게 마지막 고백을 드립니다.

> 고아와 압제 당하는 자를 위하여 심판하사 세상에 속한 자가 다시는 위협하지 못하게 하시리이다(시 10:18).

이름없는교회를 설립할 때 하나님을 사랑하고 이웃을 사랑하자고 했는데, 이것이 구호로 끝나면 안 됩니다. 기도해야 합니다. 환난 당한 자와 주린 자와 원통한 자들을 만나고 하나님께 탄원하며 기도해야 합니다. 소외되고 가난한 자들과 마음의 고통이 있는 사람들을 위해 기도해야 합니다.

우리가 기도할 때 하나님은 우리를 통하여 일하시며 공의와 정의를 세우십니다.

오늘도 세상 속에 살면서 세상의 고통과 아픔과 불의를 볼 때 하나님께 기도합시다.

그리고 반드시 응답하시는 하나님의 속성과 성품에 주목합시다.

2. 정직한 자는 그의 얼굴을 뵈오리로다
(시편 11:1-7)

시편 11편은 다윗이 사울을 피해 도망을 가야 할 상황에서 쓰인 시입니다. 사울은 다윗을 죽이려고 나라의 정사를 뒤로 하고 찾아다녔습니다.

사울은 다윗이 놉으로 도망가서 제사장의 도움을 받았다는 도엑의 고자질을 듣고는 군대를 이끌고 달려가서 제사장 85명을 죽입니다.

그리고 다윗은 가드 왕 아기스에게 도망을 갔다가 발각되자 아기스 앞에서 침을 흘리며 자기를 미친 사람으로 보이게 하여 위기를 모면합니다.

그다음에는 다윗은 아둘람 굴로 도망을 갔다가 다시 십 광야의 수풀로 도망갑니다. 이렇게 나름 여기저기 잘 도망을 다녔습니다. 그러나 십 광야의 수풀에서는 포상금에 눈이 먼 주민들의 신고 때문에 마온 황무지로 도망을 갔는데 그곳에서 사울에게 포위를 당하게 됩니다.

그런데 하나님이 도우셔서 블레셋 사람들이 쳐들어왔다는 소식을 사울이 듣고 돌아가는 바람에 다윗은 큰 위기를 모면하게 됩니다. 그렇게 사울과 다윗은 쫓고 쫓기는 원수의 관계로 오랫동안 지냅니다.

그러다 다윗의 주변에 있는 사람들은 다윗에게 산으로 도망가라고 합니다. 그러나 이 말은 인간적인 방법으로 사울에게 복수를 하라는 권면이었습니다. 그래서 다윗은 그들의 권면에 이렇게 반응을 합니다.

내가 여호와께 피하였거늘 너희가 내 영혼에게 새 같이 네 산으로 도망하라 함은 어찌함인가(시 11:1).

다윗은 인간적인 방법으로 이 문제를 해결하는 것을 단호히 거부합니다. 그래서 이 시편 11편은 어떤 탄원이나 간구의 시가 아니라 자신에게 권면하는 이들을 향한 논쟁과 설득의 시라고 보는 것이 더 타당합니다.

혹자는 여기서 "도망하라"는 히브리어 단어가 에스겔 13:18에서는 "사냥하다"로 쓰인 것을 근거로 시편 11:1을 "새 같이 사냥하라"로 해석하자고 합니다. 그러면 그

의미는 원수를 원수로 갚자는 것이 됩니다.

언제나 받은 만큼 돌려주라는 세상의 권면 앞에 항상 고민하고 흔들리며 하나님의 말씀을 잔소리로 듣는 우리들에게 이 다윗의 선언은 마치 지금도 우리를 향하는 것 같습니다.

시인은 자신의 주장에 대해 다음과 같이 더욱 설득합니다.

터가 무너지면 의인이 무엇을 하랴(시 11:3).

터가 무너진다는 것은 어떤 공동체에서 기준이 되는 법과 규칙들이 무너진다는 의미입니다. 그렇게 되면 법과 규칙들을 지키며 사는 사람, 즉 의인은 도대체 무엇에 의지하여 살아갈 수 있다는 것인지를 묻습니다.

사울은 이미 하나님의 법을 떠나 끊임없이 개인의 욕심과 감정에 의지하여 다윗을 죽이려고 합니다. 그래서 사울은 하나님이 어떤 말씀을 하셔도 안 듣습니다. 이미 하나님의 법이 무너졌기 때문입니다. 이것이 하나님의 법이 무너진 삶의 전형적인 모습입니다.

그러나 다윗은 여전히 하나님의 법을 붙들고 살아갑니

다. 자신의 감정보다는 하나님의 법이 우선입니다. 다윗은 자신에게 권면하는 이들의 말대로 만약 자기가 사울에게 복수하여 하나님의 법을 무너뜨린다면 아마도 자신은 하나님을 떠나게 될 것임을 잘 알고 있었습니다. 그것을 사울을 통해 더욱 확인을 한 것입니다.

여기서 한 가지 깊이 묵상해야 할 것은 하나님이 무조건 참으시고 무조건 품으시고 무조건 가만히 있으라고 다윗에게 말씀하신 것은 아닙니다. 다윗도 그것을 잘 알고 있습니다.

> 여호와께서는 그의 성전에 계시고 여호와의 보좌는 하늘에 있음이여 그의 눈이 인생을 통촉하시고 그의 안목이 그들을 감찰하시도다 여호와는 의인을 감찰하시고 악인과 폭력을 좋아하는 자를 마음에 미워하시도다 (시 11:4-5).

이처럼 하나님은 악을 미워하시고, 죄악을 심판하시며, 폭력을 미워하십니다. 그리고 우리의 현실적인 복수에 비교도 안 될 만큼 큰 진노를 발하시고 벌을 내리십니다. 그것이 공의로우신 하나님의 섭리입니다.

그러니 지금 이 다윗이 말하고자 하는 바는 법의 주관자이신 하나님께 맡기자는 것이요 하나님의 판결이 있다면 언제든지 사울과 맞서 싸울 수 있다는 것입니다. 그 법의 주인이신 하나님의 판결을 기다리자는 이야기입니다.

우리 하나님은 공의의 하나님이십니다. 그래서 하나님은 자신의 법을 알리시고 가르치고 심판하십니다. 그렇기 때문에 오히려 우리가 기다릴 수 있고 참을 수 있는 것입니다. 그렇기 때문에 핍박 중에서도 인내할 수 있는 것입니다.

> 악인에게 그물을 던지시리니 불과 유황과 태우는 바람이 그들의 잔의 소득이 되리로다(시 11:6).

악인이 결국 당하는 것은 불과 유황과 태우는 바람이라고 말합니다. 불과 유황은 소돔과 고모라를 심판하시는 장면이 연상되고 "지옥"도 상상이 됩니다. 그리고 태우는 바람은 마치 지금도 중동에서 불어오는 뜨거운 모래 바람을 생각나게 합니다.

팔레스틴 지역은 7월에서 9월까지 가장 뜨거운 여름인

데 기온이 40도까지 치솟고 아주 건조합니다. 그런데 이때 "함신"이라고 불리는 뜨거운 바람이 몰아칩니다. "함신"이라는 말은 50이라는 뜻인데, 50일 동안 모래 먼지와 덥고 건조한 바람이 불어 많은 초목을 마르게 합니다.

악인들은 하나님의 은혜를 누리지 못합니다. 그래서 시간이 갈수록 뜨거운 바람 속에 살아가며 점점 식어 갑니다. 그래서 결국은 그들이 얻고자 한 것들은 모두 바람 속에 말라 버리고 먼지가 되어 버립니다. 하나님이 그렇게 하십니다.

그리고 시인은 마지막으로 이렇게 고백합니다.

여호와는 의로우사 의로운 일을 좋아하시나니 정직한 자는 그의 얼굴을 뵈오리로다(시 11:7).

정직한 자가 하나님의 얼굴을 본다는 것은 하나님의 일하심을 본다는 것, 즉 우리의 기도에 응답하심을 경험하게 된다는 말입니다. 오늘도 이러한 경험을 하는 하루 되시길 축복합니다.

3. 비열함이 인생 중에 높임을 받는 때에
(시편 12:1-8)

시편 12편은 하나님의 백성들이 세상의 악한 자들에게 괴롭힘을 당하게 되는 상황을 말하고 있는데, 특히 그 악한 자들, 오늘 본문의 표현대로 말하자면, 거짓말하는 자들과 아첨하는 자들과 자랑하는 자들과 비열한 자들이 세상에서 잘되고 성공하고 있는 상황에서 시인이 탄식합니다.

아주 오래전에 "비열한 거리"라는 영화를 본 적이 있습니다. 영화의 내용은 성공을 위해 자신의 친구를 이용하고 조직에서 형님이라 부르던 사람을 배신하는 등의 내용입니다. 그래서 제목이 "비열한 거리"입니다.

주인공인 조인성 씨가 영화의 마지막 부분에서 배신을 당하는 장면이 있는데, 그 비참함은 두고두고 기억에 남아 있습니다. 친구에게도 이용당하고 부하에게도 배신당하는 주인공의 삶이 너무 비참했는데, 영화는 그 비참함 뒤로 아무런 희망을 남겨 두지 않은 채 끝납니다.

우리 인생에도 믿었던 사람들에게 이용당하거나 불의한 자들에게 속임을 당하여 고통을 겪을 때가 있습니다. 우리는 그런 일을 당하면 아주 다급한 마음에 누군가에게 도움을 요청하게 됩니다.

시인인 다윗도 첫 고백부터 아주 다급하게 도움을 요청합니다.

> 여호와여 도우소서 경건한 자가 끊어지며 충실한 자들이 인생 중에 없어지나이다 그들이 이웃에게 각기 거짓을 말함이여 아첨하는 입술과 두 마음으로 말하는도다 (시 12:1-2).

앞서 말한 비열한 일들 때문에 경건한 사람들이 신앙에 회의를 가져 배도하기도 하고 충실히 봉사했던 사람들이 교회를 떠나기도 합니다. 비열한 사람들은 이웃들에게 거짓을 말하고 힘 있는 사람에게는 아첨하여 이익을 챙깁니다. 더 안타까운 일은 이런 사람들이 악인의 편에 서서 이런 일들을 행한다는 것입니다.

이 비열한 사람들을 향해 시인은 "두 마음으로 말하는 도다"라고 말합니다. 로마서 7장에서 사도 바울은 자신 안에 하나님의 법과 세상의 법이 함께 존재하며 이 두 마음이 서로 싸우고 있다고 고백합니다. 그러나 바울은 이 싸움 가운데서 하나님의 법을 따르고자 노력했습니다.

그런데 오늘 등장하는 비열한 사람들은 하나님의 법을 의지적으로 멀리하고 오히려 세상의 법을 따라가려는 사람들입니다. 겉으로는 하나님의 법을 말하나 속으로는 세상의 법으로 사는 사람들입니다.

저도 주변에 어려운 일을 당하는 사람들을 보면 참 안타깝습니다. 가장 안타까운 것은 그 사람들이 대부분 참착하고 성실하고 충성된 분들이라는 사실입니다. 그런데 이런 비열한 일들이 반복되다 보니까 어떤 상처와 트라우마가 생겨서 결국은 신앙에 대해 본질적인 회의가 들어 교회를 떠나기도 하는 상황이 생깁니다. 그것이 가장 안타깝습니다.

아주 오래전에 사역했던 교회에 한 집사님이 계셨는데 시장에서 가게를 운영하셨습니다. 그런데 옆집 가게 주인과 아주 사소한 말다툼을 하게 되었는데, 그때부터 옆집 가게 주인이 작정하고 시장 안에 이상한 소문을 내고 다녔습니다.

그 소문은 정말 거짓이었고 말도 안 되는 소문이었습니다. 이 소문에 화가 난 집사님은 싸워도 보고 무시도 해 보았지만 시장 사람들은 점점 그 소문을 사실로 받아들이게 되었습니다. 너무 화가 나서 새벽마다 기도하였는데 몇 달이 지나도 응답은 없고 시장 사람들의 비난만 받았습니다. 그래서 그 집사님은 하나님에 대해 원망이 터져 나왔고, 나중에는 교회를 나오지 않았습니다.

시인인 다윗은 이런 안타까운 상황을 직접 깊이 경험하고 있습니다. 다윗은 자신에게 비열한 일을 행한 사울이 분명 악한 사람인데도 그에게 아첨하며 그의 편에 서 있는 사람들을 보면서 안타까워합니다.

그래서 하나님께 그런 비열함이 없어지기를 간절히 요청합니다.

> 여호와께서 모든 아첨하는 입술과 자랑하는 혀를 끊으시리니 그들이 말하기를 우리의 혀가 이기리라 우리 입술은 우리 것이니 우리를 주관할 자 누구리요 함이로다 여호와의 말씀에 가련한 자들의 눌림과 궁핍한 자들의 탄식으로 말미암아 내가 이제 일어나 그를 그가 원하는

안전한 지대에 두리라 하시도다(시 12:3-5).

  이처럼 다윗은 하나님께서 그 거짓된 혀를 끊으시고 정직한 혀가 이기게 해 달라고 기도합니다. 그 혀의 주관자는 세상이 아니요 우리 하나님이심을 고백합니다. 그래서 이런 어려움에 처한 사람들이 하나님의 은혜로 안전한 지대에서 보호받기를 간절히 요청합니다.

  오늘 이 시편 12편은 시기상 사울 왕의 통치 말년으로 봅니다. 그러니까 이 시편을 쓴 이후에 얼마 안 되어서 사울은 아들 요나단과 함께 전쟁 중에 죽습니다. 그리고 한순간에 모든 사람들이 다윗 편이 되고, 그동안 아첨하고 비열했던 자들이 살길을 찾아 허둥지둥 다윗에게 줄을 서 보려고 노력하는 상황으로 돌변하게 됩니다.

  그리고 다윗은 왕이 되고 나서 그런 사람들을 가려내는 일을 합니다. 이렇게 하나님은 그의 기도를 구체적으로 들어 주신 것입니다. 오늘도 하나님이 우리의 기도에 응답하실 줄 믿습니다.

  세상의 악함이 잠시 잘 되는 것 같아도 하나님은 반드시 자신의 때에 일하시고, 하나님의 때가 되면 하나님의 사람들이 승리하도록 인도하십니다.

좀 전에 말씀드린 그 집사님의 이야기를 계속하겠습니다. 그렇게 교회를 나오지 않던 집사님이 다시 교회에 나오셨습니다. 그리고 자초지종을 알게 되었습니다.

옆집 가게 주인이 다른 사람과 또 싸웠고 또 소문을 내다가 고소를 당하였는데, 이 일로 벌금을 내게 되었고 시장 사람들이 지금까지 그 사람이 낸 소문들이 다 거짓이라는 것을 알게 되어서 분위기가 확 바뀌어 버린 겁니다.

가게를 이사하려고 알아보던 집사님은 다시 장사를 시작했습니다. 그리고 깊이 회개하였다고 합니다. 하나님을 원망하지 않고 조금만 더 기다렸으면 되었을 텐데, 인내하지 못한 것을 회개하였다고 합니다.

> 여호와의 말씀은 순결함이여 흙 도가니에 일곱 번 단련한 은 같도다 여호와여 그들을 지키사 이 세대로부터 영원까지 보존하시리이다 비열함이 인생 중에 높임을 받는 때에 악인들이 곳곳에서 날뛰는도다(시 12:6-8).

우리 믿는 자들은 이런 일들을 겪으면서 단련됩니다. 그래서 일곱 번 단련한 은처럼 순결해집니다. 그리고 그 후에는 비열한 사람들의 날뛰는 상황을 보며 더욱 기도하게 됩니다. 그들의 결말이 바로 사망이라는 것을 알기 때문에 불쌍히 여기고 기도하게 됩니다.

하나님은 그 악한 사람들을 통해 오히려 우리 믿는 자의 믿음을 단련하십니다. 그들은 우리의 믿음을 단련하는 도구입니다. 그리고 그들의 마지막은 사망입니다.

오늘도 어려움이 있더라도 하나님의 도우심으로 승리하기를 기도합니다. 혹시나 어려움이 계속되더라도 오히려 한 번 더 단련되는 하루 되시길 축복합니다.

4. 내가 사망의 잠을 잘까 하오며
(시편 13:1-6)

우리가 겪는 고난 중에는 잠깐의 고난이 있고 계속 반복되는 고난이 있습니다. 어떤 쪽이 더 힘드냐고 물어본다면 어떤 쪽이든지 그 고난의 정도에 따라 다를 것이라고 말할 것입니다. 그러나 오늘 우리는 정도도 아주 클뿐 아니라 계속 반복되기까지 한 가장 큰 고난에 대해 나눌 것입니다.

시편 13편은 이렇게 큰 고난을 당한 시인의 영혼이 지쳐 있으며 이로 인해 육신이 질병까지 얻어 사망이 이르기 직전까지 가 버린 상황을 설명합니다. 이런 힘겨운 상황에서 시인은 하나님께 애통과 원망과 탄원이 섞여 있는 간절한 기도를 드리고 있습니다.

> 여호와여 어느 때까지니이까 나를 영원히 잊으시나이까 주의 얼굴을 나에게서 어느 때까지 숨기시겠나이까 나의 영혼이 번민하고 종일토록 마음에 근심하기를 어느 때까지 하오며 내 원수가 나를 치며 자랑하기를 어느 때까지 하리이까(시 13:1-2).

시인은 지금 큰 고난이 계속 반복되는 최악의 상황에서 하나님의 임재 마저도 경험하지 못하고 있음을 슬퍼하고 있습니다. 시인은 이런 상황 가운데서 하나님이 시인을 잊어버리셨거나 의도적으로 숨으셨다고 생각할 정도로 하나님을 원망하는 듯 보입니다.

사실 우리가 어떤 어려운 일을 겪을 때 하나님께 기도는 꼭 합니다. 그런데 기도는 성취되지 않고 상황은 더 안 좋아지며 그러한 상황이 계속 지속될 때가 있습니다. 그냥 한 번 훅 지나가는 단회적인 고난이라면 고난 뒤에 오는 고요한 상황 속에 조금이라도 마음을 추스릴 수 있지만, 계속되는 고난은 추스릴 시간이나 여유도 주지 않습니다.

그래서 처음에는 고난의 주 원인인 특정한 대상에 대해 원망과 미움의 마음을 표현하다가 나중에는 그 상황을 해결하지 못하는 자신에 대해 깊이 실망하며 낮은 자존감을 갖게 되고 결국 자신을 비난하게 됩니다.

그런데 이 상황마저도 계속되면 그때는 하나님을 원망하게 됩니다. 지금 이 시인의 고백처럼, "언제까지입니까?" "왜 저를 잊으셨습니까?" "왜 숨어 버리셨나요?"라고 외치면서 하나님을 미워하게 됩니다.

오늘 시인은 여기에서 한 걸음 더 나갔습니다. 그렇게 하나님을 원망하다가 육체의 큰 질병까지 얻었는지 다음과 같이 고백합니다.

> 여호와 내 하나님이여 나를 생각하사 응답하시고 나의 눈을 밝히소서 두렵건대 내가 사망의 잠을 잘까 하오며 두렵건대 나의 원수가 이르기를 내가 그를 이겼다 할까 하오며 내가 흔들릴 때에 나의 대적들이 기뻐할까 하나이다(시 13:3-4).

여기에서 "사망의 잠을 잘까 하오며"라는 표현이 눈에 뜨입니다. 왜냐하면 이 표현은 너무 강하고 실제적이기 때문입니다. 마치 우리가 벼랑 끝에서 하나님을 향해 이렇게 외치는 것 같습니다.

"이제는 하나님이고 뭐고 다 필요 없으니 이 절벽에서 떨어져 죽어야 할 것 같습니다."

이 정도로 시인은 고난 속에 벼랑 끝에 서 있었던 것입니다. 그리고 그 벼랑 끝에서 "죽음"을 눈앞에서 만나게 되고 두려워합니다. 더 두려운 것은 그런 자신을 보고 평소에 자신과 원수로 지낸 사람들이 자신을 비난하며 즐거워하는 것입니다.

우리 인간은 참 나약합니다. 일이 잘되고 평안할 때는 자신이 세상 악인들과는 다르게 정직하고 공의로우며 선한 척을 하고 절대로 누군가를 미워하지 않을 듯이 넓은 마음을 가진 것처럼 자랑하면서도, 이렇게 고난을 당하게 되면 무엇보다도 자신이 비난 받을까, 놀림을 당할까 두려워합니다. 그렇게 인간은 알고보면 참 약한 존재입니다.

저도 대학 시절에 지방에서 서울로 올라와서 지내며 고생을 참 많이 했습니다. 등록금이 항상 부족하니까 아르바이트를 많이 해야만 했습니다. 그런데도 등록금을 다 마련하지 못해서 휴학을 몇 번이나 했습니다. 군대를 다녀와서도 계속 자취생활을 하면서 아르바이트로 생활해야 했습니다.

때로는 자취를 하다가 같이 살던 친구가 신학을 그만두고 고향으로 가는 바람에 보증금을 줘야 하니 방을 빼고 고시원에서 들어가 지낸 적도 있었고, 때로는 아는 형님 집에서 얹혀살기도 하고, 사역하던 교회 자모실에서 지내기도 했습니다.

그런데 제가 학부를 졸업하지 못하고 늘 휴학과 아르바이트로 살 때 저와 함께 입학했던 동기들은 어느덧 졸업을 하고 대학원에 진학해 있었습니다. 당시 제가 다녔던 대학교는 신학대학교였는데 이곳의 신학대학원은 전도사님들이 학교를 다니면서도 전임 사역을 할 수 있도록 수업을 월요일 하루에 다 몰아서 들을 수 있도록 해 주었습니다.

그렇게 저는 대학원을 못 가고 아르바이트하며 교회에서는 교통비 정도 받고 사역을 했는데 친구들은 대학원을 다니면서 교회에 매일 출근하여 저보다 훨씬 많은 사례를 받고 사역을 했습니다.

저는 그 친구들을 보면서 참 부러웠습니다. 그리고 그 친구들 중에는 제가 참 싫어하는 친구도 있었는데, 그 친구는 저와는 환경이 너무도 달라서 큰 고생을 안 하고 살고 있었고, 어떤 친구들은 제가 졸업도 못하고 아르바이트를 하고 있으니 저를 상당히 무능하게 여기기도 했습니다.

하루는 학교에서 조교 아르바이트를 하고 있는데 한 친구가 와서는 제게 말하기를, "너는 언제까지 이렇게 살거냐? 이렇게 살거면 그냥 고향으로 가서 돈을 벌든지 해라. 목회자는 말씀을 봐야지 이렇게 돈을 벌면서 학교는 제대로 안 다니고 공부도 못하고 그러면 안 되는 거다"라고 했는데, 그때 저는 참 마음이 아팠습니다.

저도 마음껏 공부하고 싶었고 아르바이트도 하기 싫었습니다. 너무 마음이 억울했습니다. 어느 날은 아침에 일어났는데 정말 일하기 싫었습니다. 언제까지 이렇게 살아야 하나 싶었습니다.

그런 와중에 지금의 아내를 만났고 연애를 했는데 밥 한 번 제대로 사지를 못했습니다. 시간이 좀 지나서 결혼을 해야 하는데 그때까지도 저는 학교를 졸업하지 못하고 있었고 늘 고시원을 전전하고 있었습니다. 그런 상황에서 결혼을 했고 결혼한 후에도 아르바이트를 했습니다. 시간이 지나 저는 그렇게 대학교를 9년 만에 졸업할 수 있었습니다.

그때 하나님을 참 원망을 많이 했습니다. 오늘 시인이

고백한 것처럼 하나님이 저를 잊어버리신 것 같고 숨어버리신 것 같았습니다. 그런 어려움 속에 몸이 아플 때는 정말 이렇게 죽는구나 싶은 마음에 슬퍼하기도 했습니다. 그런데 시간이 많이 지나서 생각해 보니 그 시간이 제 인생에 있어서 가장 큰 훈련의 시간이었음을 알게 되었습니다. 오늘 시인도 그런 깨달음을 고백합니다.

대학을 다닐 때 한 가지 기억나는 것은 어느 날 안 되겠다 싶어서 시간 날 때마다 학교 도서관을 가서 책을 읽었습니다. 틈틈이 책을 빌려서 읽었습니다. 그렇게 읽은 책들이 아마 1천 권은 되었을 겁니다. 제가 500권까지 상담 관련 책들을 읽었을 때부터는 세어 보진 않았지만 그 이후로도 많이 읽었습니다.

또 대학원을 준비하면서는 성경을 몇 번이고 읽고 외웠습니다. 지금 제가 가지고 있는 성경책에는 그때의 수많은 공부 흔적들이 남아 있고 지금 설교를 하면서도 그때의 공부들이 큰 도움이 되고 있습니다.

아무리 생각해 보아도 그 시절이 지금 제가 이곳에 있도록 만들어 준 것이기에 감사하지 않을 수 없습니다. 저도 오늘 시인의 마지막 고백처럼 이렇게 고백이 나옵니다.

> 나는 오직 주의 사랑을 의지하였사오니 나의 마음은 주의 구원을 기뻐하리이다 내가 여호와를 찬송하리니 이는 주께서 내게 은덕을 베푸심이로다(시 13:5-6).

하나님은 시인의 삶을 붙들고 계셨습니다. 우리 눈과 마음에는 보이지도 느껴지지도 않았지만 하나님은 우리 곁에 계셨습니다. 더 나은 내일을 위해 오늘 고난 가운데 있는 우리를 지켜보시고 쓰러질 만할 때 붙잡으시는 인생의 가이드로 함께 하고 계십니다.

오늘 하루도 우리의 일상을 붙들고 계시는 하나님의 손길을 경험하는 하루 되시길 축복합니다.

5. 여호와는 그의 피난처가 되시도다
(시편 14:1-7)

　세상에는 자신의 능력을 믿고 사는 사람들이 많습니다. 그들은 많은 경험을 통해서 자신의 능력이 얼마나 큰지를 확인한 사람들입니다. 그래서 그 능력이 자신의 우상이 되어 다른 누구도 의지하지 않으려 합니다. 그들은 자신 외에는 아무도 믿지 않습니다. 오히려 모든 사람들을 의심합니다. 오직 자신만 믿으며 삽니다.

　그런데 이것이 바로 자신을 우상으로 섬기는 것입니다. 이런 사람은 절대로 하나님을 온전히 믿지 못합니다. 사람만 못 믿는 것이 아니라 하나님도 못 믿는 겁니다. 그리고 그들은 세상의 악한 일들과 안타까운 일들을 보며 하나님이 없다고 말합니다. 더욱이 그렇게 믿었던 자신이 실패할 때면 자신을 탓하기보다 하나님을 탓합니다. 그러면서 하나님이 없다고 말합니다.

오늘 시편 14편은 이런 사람을 어리석은 사람이라고 말합니다.

> 어리석은 자는 그의 마음에 이르기를 하나님이 없다 하는도다 그들은 부패하고 그 행실이 가증하니 선을 행하는 자가 없도다(시 14:1).

그런데 시인인 다윗은 이런 사람들을 참 많이 만났습니다. 특히 그가 사울에게 쫓겨서 도망을 다닐 때를 살펴보면 그런 사람들이 많이 등장합니다. 그때에 정말 많은 하나님의 사람들이 어려움을 당했고 또 죽임을 당했습니다.

> 여호와께서 하늘에서 인생을 굽어살피사 지각이 있어 하나님을 찾는 자가 있는가 보려 하신즉 다 치우쳐 함께 더러운 자가 되고 선을 행하는 자가 없으니 하나도 없도다(시 14:2-3).

하나님이 보시기에도 당시의 많은 사람들은 하나님을 의지하고 찾기보다 사람을 의지하고 하나님에 대한 신앙을 버리고 악한 행실로 살아가는 경우가 많았던 것입니다.

그중에 오늘 본문과 관련이 되는 대표적인 사람은 바로 사무엘상 25장에 등장하는 "나발"이라는 사람입니다. 나발은 아주 큰 부자였으나 성품이 완고하고 행실이 악한 사람이었습니다. 그는 마온에서 살았지만 따로 갈멜에서 양과 염소를 키웠습니다.

나발의 종들이 갈멜에서 양과 염소를 키울 때에 다윗이 부하들을 시켜 밤낮으로 그 양과 염소들을 보호해 주었습니다. 그리고 양의 털을 깎는 절기가 되어 나발이 갈멜에 와 양의 털을 깎고 있을 때에 다윗이 소년 열 명을 보내어 도움을 요청합니다.

그러나 나발은 다윗이 누구냐고 반문하며 돕지 않았습니다. 이에 화가 난 다윗이 자신들이 도와준 것에 대한 감사를 모르는 나발을 죽이기 위해 군대를 이끌고 가려 합니다.

그런데 나발에게는 지혜로운 아내 아비가일이 있었습니다. 그녀는 종을 통해 이 소식을 듣고는 음식을 한가득 싸서 다윗에게 갑니다. 그리고 남편인 나발을 대신해서 용서를 구하고 감사의 마음을 전할 때 다윗이 이를 받아들여서 일이 잘 마무리가 됩니다.

여기서 우리는 나발의 행동에 주목해야 합니다. 나발은 은혜와 감사를 모르고 자신에게 얻어진 결과만 중요하게 생각하는 사람이었습니다. 자신의 능력만 믿고 자신을 위해서만 사는 사람들은 그 행실도 하나님 보시기에 악할 수밖에 없습니다.

> 죄악을 행하는 자는 다 무지하냐 그들이 떡 먹듯이 내 백성을 먹으면서 여호와를 부르지 아니하는도다(시 14:4).

시인은 이 어리석은 자들의 무지함을 말합니다. 그들은 자기만 믿기 때문에 하나님의 은혜를 깨닫지 못합니다. 이것을 무지하다고 말하는 것입니다. 그래서 선한 백성들을 돕지 않고 오히려 그들을 자신의 힘으로 눌러서 이익을 착취하는 일을 마치 떡 먹듯이 쉽게 한다고 말합니다.

우리는 세상의 역사를 볼 때 많은 독재자들을 보게 됩니다. 독일의 히틀러는 그 대표적인 독재자입니다. 그는 지독한 게르만 민족 우월주의자로 제2차 세계대전을 일으킨 후에 그때까지 독일에서 경제력을 행사하던 유대인들이 오히려 도움이 되지 않는다는 이유로 그들을 학살했습니다.

히틀러는 무려 900군데의 수용소를 만들었고 그중에 가장 악명이 높았던 아우슈비츠 수용소에서만 무려 250만 명의 유대인을 학살하였습니다. 오늘 본문에서 말하는 대로 정말 떡 먹듯이 쉽게 사람을 죽였습니다.

이렇게 자신만을 믿는 사람들은 다른 사람들을 믿지 못하고 결국 그들의 것을 빼앗고 괴롭히는 일을 하면서도 자신을 위해 악행을 합리화합니다. 그리고 그것이 세상을 사는 가장 좋은 방법이라고 말합니다.

우리 교회도 이런 유혹을 많이 당합니다. 교회나 목사가 자신만을 믿는다면 오직 자신이 하나님이 되려고 할 것이고 교회를 위해서 세상을 적군으로 삼고 공격하고 빼앗는 신앙을 가지게 될 것입니다. 이로 말미암아 교회 안에 교회와 세상을 둘로 구분해 버리는 이원론적 신앙을 가져오게 되었고, 세상을 주적으로 삼고 끊임없이 싸움을 걸었던 것입니다.

시간이 지나서 그 싸움이 얼마나 무지하고 어리석은 일인지 드러나고 있습니다. 오히려 세상보다 교회가 더 많은 문제들로 무너지고 있습니다. 세상에서도 잘못된 것으로 채우면 언젠가는 드러나고 무너집니다.

히틀러도 절대로 패배하지 않을 것 같은 자신만의 제국을 만들었습니다. 그의 나치 사상은 정말 무시무시했습니다. 그들의 단합력과 하나된 정신력은 정말 인류 역사에 보기 드문 일이었습니다. 목숨을 걸고 나치를 외치는 사람들은 나치를 반대하는 사람들을 가차 없이 죽였습니다. 그러나 그들도 결국은 무너졌습니다. 그들은 신이 아니었기 때문입니다.

그러나 교회도 어느 순간부터 그런 독재적 세상의 하나 됨을 부러워하기 시작했습니다. 먼저는 이단들이 그 하나 됨을 목표로 나치주의를 연상케 하는 구호를 외치고 단결해 나갔고 나중에는 교회도 그 단결을 목표로 여러 구호를 외쳤습니다.

그 안에는 오직 "우리 교회"여야 한다는, "우리 목사님"이어야 한다는 대단한 자기 우월주의가 숨겨져 있었습니다. 그리고 그 구호를 반대하는 사람들을 쫓아내고 있습니다. 그러나 지금 오히려 교회 안에 죄들이 드러나고 있습니다. 잘못된 것으로 교회를 채웠기에 다 드러나는 것입니다.

> 너희가 가난한 자의 계획을 부끄럽게 하나 오직 여호와는 그의 피난처가 되시도다 이스라엘의 구원이 시온에서 나오기를 원하도다 여호와께서 그의 백성을 포로된 곳에서 돌이키실 때에 야곱이 즐거워하고 이스라엘이 기뻐하리로다(시 14:6-7).

우리의 피난처, 의지할 곳은 오직 하나님이십니다. 다윗처럼 주변에 그런 어리석은 사람들이 넘쳐나도 중심을 잡고 하나님을 의지해야 합니다. 그래서 우리도 다윗처럼 이런 시편의 고백을 드려야 합니다.

오늘도 우리는 다윗처럼 그런 세상 앞에서 시편 14편을 또 한 번 써 내려 갑시다.

흔들리지 않는 이 고백이 하늘 문을 여는 하루를 만들어줄 것입니다.

6. 정직하게 행하며 공의를 실천하며
(시편 15:1-2)

구약 시대에 장막은 아무나 들어갈 수 있는 곳이 아니었습니다. 장막의 입구에는 문지기들이 있었고 그들이 입장하는 예배자들에게 입장의 자격을 물었습니다. 율법에 기록된 부정한 자들은 들어갈 수 없다는 내용이었습니다. 마치 현대 예배에서 성찬식은 징계 중에 있는 자나 자신의 영적 상태를 돌아보지 않는 사람은 참여할 수 없다고 안내하는 것도 이와 같은 의미입니다. 이처럼 장막에는 들어가기 위한 어떤 자격이 있었습니다.

오늘 본문에도 그 장막에 들어갈 수 있는 자격에 대한 이야기로 시작합니다.

> 여호와여 주의 장막에 머무를 자 누구오며 주의 성산에 사는 자 누구오니이까(시 15:1).

시인이 제일 먼저 주의 장막에 머무를 수 있는 사람에 대해 언급하는 이유는 그런 사람이 어떤 사람인지를 소개하기 위해서입니다. 그리고 그런 사람의 자격에 대해서 구체적으로 나열하며 소개하고 있습니다.

오늘은 그 칭찬 받을 행위들을 살펴보면서 우리가 본을 받기를 원합니다.

> 정직하게 행하며 공의를 실천하며 그의 마음에 진실을 말하며(시 15:2).

우리는 인생을 살면서 참 많은 결정들을 하고 삽니다. 그 결정들은 대부분 정직한 방법과 정직하지 않은 방법으로 나눌 수 있고 정직한 결정 이후에는 이 정직하면서 얼마나 공평한 방법인지를 결정해야 합니다. 즉, 정직은 어떤 결정 과정에 있어서 가장 먼저 고민해야 하는 질문입니다.

예를 들어서 어떤 물건을 살 때 가장 먼저 고민해야 할 것은 정품을 살 것인지 모조품을 살 것인지를 결정해야 합니다. 그다음에 구입할 업체와 방법 등을 결정하게 되는 것과도 같습니다.

성경에서의 "정직"은 하나님 앞에서의 정직이고, 하나님의 말씀이 그 기준이 됩니다. 우리가 주의 장막 안에 머무는 자, 곧 예배자라면 말씀을 기준으로 정직한 결정을 할 수 있어야 합니다. 말씀으로 비추어 볼 때 정직하지 않는 것이라면 단호히 반대해야 합니다.

이 본문에서 말하는 "정직"의 더 구체적인 적용은 "제사"일 것이고 제사 드릴 자의 "죄"에 대한 내용일 것입니다. 제사를 드릴 때 흠 없는 어린 양을 드려야 하는데 이는 곧 죄가 없는 제물의 상징입니다. 그만큼 우리는 죄를 회개하는 마음으로 예배해야 합니다.

사울 왕 시대에 이스라엘의 모습을 생각해 보십시오.

무슨 정직이 있습니까?

사울은 블레셋과의 전쟁을 앞두고 제사를 드리려고 할 때 제사장인 사무엘이 늦게 오자 자신이 제사를 드려 버렸습니다. 이 정직하지 못한 결정에 하나님은 진노하셨고 사무엘을 통해 그의 나라가 길지 못할 것이라고 선포하셨습니다.

사울은 사무엘을 기다려야 했습니다. 그것이 하나님이 보시기에 정직한 결정이었습니다. 그러나 그는 자신의 조급한 마음을 달래려고 자신이 제사를 드렸습니다.

결국 정직하게 결정하기 위해서는 하나님을 절대적으로 신뢰하는 믿음이 있어야 합니다. 사울은 그 신뢰가 없어 블레셋 앞에서 조급해 하고 두려워하면서 당장의 현실적인 기준으로만 판단하여 하나님을 기다리지 못한 것입니다.

그리고 이렇게 지켜진 "정직"은 이제 "공의"라는 더 크고 어려운 고민을 하게 만듭니다. 공의는 하나님 법에 대한 공평성과 완전한 의로움을 말합니다. 성경에 "희년" 제도가 나오는데 희년이 되면 자신이 빚을 져서 넘겨야 했던 땅을 돌려받게 되고 종으로 팔려간 사람도 자유를 얻게 됩니다. 이것은 땅과 사람의 주인인 하나님의 시기에 다시 돌려드린다는 의미를 가지고 있습니다.

이런 희년의 선포는 곧 공의의 선포였습니다. 이토록 하나님은 모든 피조물의 창조주로서 그 소유권을 행사하시고 소외된 자들, 빚진 자들, 가난한 자들에게 공평한 은혜를 베푸십니다.

그런데 지금 시대는 이 공의라는 말이 실천되기 참 어렵습니다.

지금 이런 제도를 실행하자고 하면 어느 누가 찬성하겠습니까?

더욱이 땅을 가진 사람들이 다시 내놓으려고 하겠습니까?

돈을 사랑하는 사람들은 땅값과 집값을 올리기 위해 혈안이 되어 있습니다. 돈을 더 벌기 위해 수단과 방법을 가리지 않습니다. 땅값과 집값이 오르니 전세가도 같이 올라 대출 받는 사람도 늘어나고, 가계 빚은 더 늘어나 살기 힘들어집니다. 그래서 젊은 사람들은 집을 구하기 어려워지고 아르바이트와 직장에서 번 돈의 대부분을 빚을 갚는 데 사용합니다.

이렇게 빈부의 격차가 커져 갑니다. 점점 성실함과 정직함으로 돈을 벌기가 힘들어집니다. 그래서 점점 가정에서 아이를 안 낳으려 하고 장래의 희망을 포기한 사람들은 한탕주의나 기회주의에 유혹을 받아 주식이나 도박에 빠지기도 하고 자살을 하기도 합니다.

공부를 해서 성공하는 것도 어렵습니다. 같은 대학이라도 출신 고교를 따지고 같은 직장이라도 출신 대학을 따지며 입사는 인맥으로 진행되며 정치인의 선거 공천도 뇌물이 난무합니다.

복음을 전한다는 사역자들도 모두 인맥이 아니면 서로 돕지도 않고 친하지 않으면 협력하지 않습니다. 출신 교회를 따지고 누구와 친한지를 따집니다. 연합하자는 외침은 어느덧 잔소리로 들리고 정직과 공의로 행하며 외로워 하느니 세상을 따라가서라도 좀 편하게 사역하려고 합니다.

어느 교회는 교역자를 뽑기 위해 면접을 보는데 아버지가 누구신지를 따집니다. 애가 몇 명인지를 따집니다. 어느 교회는 새가족 등록을 받는데 가난한 사람이 오면 싫어합니다. 장애인이 오면 더 싫어합니다. 겉으로는 관계 전도를 외치면서도 안으로는 친하고 아는 사람들끼리만 모이려고 합니다. 자기가 모르는 사람이 교회 오는 것을 원치 않는 것입니다.

이렇게 사회적으로나 교회적으로나 불법이 난무하고 인맥과 특혜로 공평성을 잃어버린 시대에 예배하는 우리들은 하나님의 말씀대로 살고 공평한 법을 준수하는 데 앞장서야 합니다. 시인인 다윗도 왕이 되기 전부터, 그리고 되고 나서도 그렇게 살려고 한 흔적들이 많이 보이는데, 바로 이런 고민의 결과였습니다.

> … 그의 마음에 진실을 말하며(시 15:2).

이렇게 정직과 공의를 실천하는 사람들은 거짓을 말하지 못합니다. 거짓을 말하는 사람들은 정직하지 못한 결정을 하기 위해, 공평하지 못한 결정을 하기 위한 거짓을 말합니다.

값을 속여 물건을 파는 사람이 정직할 수 있겠습니까?

상품의 재료를 속이는 사람이 진실할 수 있겠습니까?

그러니 진실된 마음을 가지는 것도 정직과 공의의 실천이 먼저 있어야 하는 것입니다.

오늘 시인의 고백대로 우리는 주의 성산에 머무는 사람으로 예배하는 사람입니다. 하나님을 예배하는 사람으로서 삶에서 믿음으로 살아 낸 정직과 공의의 흔적과 영광을 가지고 하나님을 예배해야 합니다. 그래서 "신령과 진정으로 예배하라"라고 성경은 말합니다.

오늘도 수많은 결정을 해야 할 것입니다.

그 결정들이 사소하든지 중요하든지 하나님의 말씀을 묵상하고 기도하며 결정합시다.

사울의 번제처럼 조급해 하거나 두려워하지 말고 그저 하나님을 신뢰하며 결정하시길 축복합니다.

7. 영원히 흔들리지 아니하리이다
(시편 15:3-5)

앞의 시편 15:1-2에서는 정직과 공의라는 어떤 "결정"의 과정을 말했습니다. 그리고 그다음으로 "관계"를 말합니다. 한 개인과 공동체의 결정을 말한 뒤에 이제는 개인과 개인의 관계, 개인과 공동체와의 관계를 설명하는 것입니다.

> 그의 혀로 남을 허물하지 아니하고 그의 이웃에게 악을 행하지 아니하며 그의 이웃을 비방하지 아니하며 (시 15:3).

관계에 있어 가장 중요한 것은 바로 "말"입니다. 말을 통해 관계가 친밀해지기도 하고 멀어지기도 합니다. 서로 악수를 하지 않더라도 말로써 그 관계의 정도가 결정

됩니다. 그만큼 말이 참 중요합니다.

3절에서는 말로 관계가 멀어지는 경우들이 나열되는데 모두 세 가지입니다.

첫째, "혀로 남의 허물하지 아니하고."

둘째, "이웃에게 악을 행하지 아니하고."

셋째, "이웃을 비방하지 아니하며."

이 세 가지는 공통적으로 말로써 이웃에게 상처를 주는 경우입니다. 말로 상처를 줄 때는 대표적으로 이웃의 단점과 허물을 지적하거나 소문을 내는 것을 말합니다. 이 경우는 흔히 사회 공동체에서 많이 겪게 되는 일입니다.

그런데 이웃의 단점이나 허물은 사실 죄가 아닙니다. 그 사람의 연약함이고 부족함이라고 설명할 수 있어도 그것이 그 사람의 죄라고 말해서는 안 됩니다. 사람은 누구나 연약한 부분이 있고 부족한 부분도 있습니다. 그러니 이것으로 그 사람을 죄인이라 말하면 안 됩니다.

그런데 우리가 어떤 사람의 단점과 부족한 점에 대해 다른 사람들과 이야기할 때는 마치 그 사람이 죄를 지은 사람인 것처럼 정죄하면서 말할 때가 많습니다. 그리고 그런 소문을 당사자가 들으면 마치 죄인 취급받는 느낌

이 들고 큰 상처를 받게 됩니다.

이보다 더 심한 경우도 있습니다. 이번에는 한 사람의 단점과 부족함만이 아니라 그가 지은 죄를 들춰 말하는 것입니다. 우리가 어떤 이의 죄를 다룰 때 "권면"을 사용하듯이 상대방이 죄를 짓지 않도록 걱정하는 마음이 있어야 합니다.

죄를 재미있고 흥미있는 이야깃거리로 만들어서 주변 사람들과 나누는 것은 아주 위험한 일입니다. 그 사실을 당사자가 알았을 때는 상처를 넘어, 도피하고 싶은 마음도 가질 수 있습니다.

이제는 이보다 더 심한 경우를 말해 보겠습니다. 이번에는 한 사람의 죄를 말할 뿐만 아니라 그 사람이 당한 불행에 대해 말하는 것입니다. 여기서 불행을 말한다는 것은 불행으로 인해 그 사람을 비난한다는 의미입니다.

자신의 불행한 일을 다른 사람들이 비난하며 소문을 낼 때 우리는 말로 받는 상처 중에 가장 큰 상처를 받게 됩니다. 이럴 때는 도망가고 싶은 마음을 넘어 복수의 마음까지 품게 됩니다. 그래서 가장 심각한 결과를 초래할 수도 있습니다.

우리는 2014년 4월 16일 세월호 참사를 기억합니다. 그때의 아픔은 대한민국 모든 국민들의 아픔이 되었습니다.

그러니 그 당사자들의 아픔은 오죽하겠습니까?

우리는 도저히 상상할 수 없을 아픔일 것입니다. 저는 당시에 유가족을 직접 만난 적이 있습니다. 이 참사로 사랑하는 딸을 먼저 보낸 부모님이셨는데 만나서도 어떻게 위로를 전해야 할지 막막했습니다. 실제로 여러 이야기들을 들으면서는 멀리서 소식만 들을 때와는 다르게 더 깊은 아픔이 느껴졌습니다.

그런데 그 이야기들 중 가장 제 마음을 아프게 한 것은 그 참사에 대한 이해할 수 없는 비난들이었습니다. 세월호 참사가 정치적인 싸움으로 번져서 더욱 그랬기도 했지만 어떤 사람들은 유가족들에게 차마 하지 못할 비난을 많이 했습니다.

어떤 목사님은 이 참사를 하나님의 계획과 대한민국 심판에 관련지어 설교했고, 어떤 사람들은 유가족들이 들을 줄 알면서도 당사자들의 죄악 때문이라는 말도 했습니다. 그 이야기들은 직접 들은 유가족들의 입장을 듣는데 정말 가슴이 아팠습니다.

저는 다른 사람의 불행을 위로하지 못하고 오히려 비난하는 것을 보면서 참으로 성경의 이야기들이 하나도 틀린 것이 없음을 다시 확인하게 되었습니다. 오늘 시편의 말씀에도 기록되어 있듯이 너무나도 많은 사람들이 아픔에 대해 공감하기보다 아픔을 노리개 삼아 너무도 쉽게 비난해 버렸습니다.

본문에서 혀로 참소하고 이웃에게 악을 행하며 이웃을 비방한다는 내용이 바로 이런 의미입니다. 우리 예배하는 사람들은 이웃을 절대로 그렇게 대해서는 안 됩니다.

성경은 우리가 말과 혀로만 사랑하지 말자고도 하지만 말과 혀로 비방하여서도 안 된다고 합니다. 그만큼 말과 혀는 꼭 필요한 소통 수단이지만 매우 조심해야 하기도 합니다. 하나님은 우리에게 이 위험성을 분명히 성경에서 강조하셨습니다. 그래서 우리는 날마다 말씀을 묵상하며 말과 혀를 기도하고 찬양하는 일에 써야 합니다.

> 그의 눈은 망령된 자를 멸시하며 여호와를 두려워하는 자들을 존대하며 그의 마음에 서원한 것은 해로울지라도 변하지 아니하며(시 15:4).

이제 더 구체적으로 그렇게 이웃을 악하게 대하지 않기 위한 방법들이 설명됩니다. 우리 주변에 그런 악한 사람들이 있다면 우리는 그들과 함께 하지 말아야 합니다. 그들이 아무리 어떤 도움을 주거나 이익을 가져다 준다고 할지라도 가까이해서는 안 됩니다. 그래서 "그의 눈은 망령된 자를 멸시하며"라고 말하는 것입니다.

그리고 오히려 여호와를 두려워하는 자들을 존대해야 합니다. 즉, 예배하는 사람으로서 이런 악행을 오히려 미워하고 그런 사람들과 함께하지 않는 자들을 존경해야 합니다. 그래서 예배하는 사람들이 모여 불행한 일을 당한 사람들을 위로하고 도와주어야 합니다.

"그의 마음에 서원한 것은 해로울지라도 변하지 아니하며"라고 말했듯이, 하나님께 기도하는 사람은 불행한 일을 당한 사람을 도와주는 것이 본인에게 어떤 피해나 손해를 준다 할지라도 하나님 앞에서 정직히 결정하고 실천해야 합니다.

> 이자를 받으려고 돈을 꾸어 주지 아니하며 뇌물을 받고 무죄한 자를 해하지 아니하는 자이니 이런 일을 행하는 자는 영원히 흔들리지 아니하리이다(시 15:5).

불행을 당한 자가 아니라도 그 이웃들에게 선을 베풀

어야 합니다. 이자를 받으려고 돈을 꾸어 주는 것을 성경은 금지하고 있습니다. 또 죄가 없는 사람을 죄가 있다고 거짓으로 고소하지 않아야 합니다.

예배자로 합당한 삶을 살아갑시다.

그 삶을 하나님께 제물로 드립시다.

흠 없는 어린 양을 제물로 드렸듯이 흔들림 없이 거룩한 삶으로 예배합시다.

오늘 말씀으로 우리 예배하는 자들이 이웃을 어떻게 대하며 살아야 하는지를 나누었습니다. 우리가 오늘도 이 말씀 안에서 우리가 만나는 이웃들에게 선을 행하고 하나님의 사랑을 전하는 하루 되시길 축복합니다.

8. 생명의 길을 내게 보이시리니
(시편 16:1-11)

우리가 예수를 믿는 이유는 구원을 얻기 위함입니다. 예수는 곧 구원이요 구원은 인류 최고의 선물이며 축복입니다. 그래서 예수를 믿는 것입니다. 우리가 말하는 하나님의 존귀와 영광에 대한 찬양은 이 구원하심에 대한 감사로 터져 나오는 고백입니다.

> 내가 너로 큰 민족을 이루고 네게 복을 주어 네 이름을 창대하게 하리니 너는 복이 될지라(창 12:2).

하나님은 아브라함에게 "복"이 되게 하리라고 약속하셨습니다. 그래서 아브라함을 만나는 사람들이 복을 만나게 된 것입니다. 왜냐하면 아브라함 자체가 복이 아니라 아브라함과 함께하는 하나님을 알게 되는 것이 진정한 복이기 때문입니다.

그래서 예수가 그리스도이심을 우리가 믿을 때 그의 구원하심을 복으로 받게 되고 우리는 구원받은 복덩이가 되는 것입니다. 그런 의미에서 우리는 우리 스스로가 세상에서 가장 큰 복을 받은 사람이라 말할 수 있습니다.

이 진리를 깨달을 때에 드디어 우리는 하나님의 존재하심이 얼마나 큰 복인지를 고백하게 됩니다.

하나님이 존재하지 않으시거나 내가 하나님을 믿지 않았다면 어떻게 되었을까요?

아마 우리와 인생 자체가 존재하지 못했을 것입니다.

오늘 시인도 이렇게 하나님만이 자신의 인생에 가장 크고 유일한 복이라 고백하며, 그와 같은 고백을 하는 이 땅의 많은 하나님의 자녀들을 보면서 즐거워합니다. 하나님의 자녀들이 함께 있다는 것이 즐겁고 함께 신앙을 고백한다는 것이 즐겁습니다.

> 내가 여호와께 아뢰되 주는 나의 주님이시오니 주 밖에는 나의 복이 없다 하였나이다 땅에 있는 성도들은 존귀한 자들이니 나의 모든 즐거움이 그들에게 있도다 (시 16:1-2).

우리는 누군가가 예수를 믿는 이유에 대해 물으면 구원의 기쁨과 감사를 고백해야 합니다. 그런데 아쉽게도 어떤 사람들은 구원보다는 현실에서 얻어질 성공과 부유함과 건강 등, 자기 소원 성취에 대해서 말합니다.

그래서 예수를 믿으면 잘 먹고 잘 살 것이라는 기대를 가지고 먼저 믿어 보는 것입니다. 혹시 주변에 예수를 믿는데 잘 사는 사람이 있으면 더욱 확신을 가지고 자신도 잘 믿으려고 합니다.

문제는 예수를 믿는데 가난한 사람이 주변에 있으면 또 믿음이 약해집니다. 그리고 자신의 삶이 어려워지면 시험에 들어 낙심하고 불신과 의심이 가득 넘치게 됩니다.

예수님은 이 땅에 오셔서 많은 기적을 행하셨습니다. 그러나 기적을 행하기 위해 오신 것은 아니었습니다. 기적은 예수님이 아니더라도 구약의 모세나 엘리야 같은 사람들을 또 세우셔서 행하시면 됩니다. 베드로나 바울과 같은 사람을 세우시면 됩니다.

예수님은 직접 말씀하시고 그 말씀을 이루시기 위해 오셨습니다. 즉, 그 말씀을 언약으로 선포하시고 예수님이 직접 언약을 성취하시기 위해 오셨습니다.

그 언약이 무엇일까요?

바로 우리 믿는 자들을 구원하시겠다는 언약입니다. 그래서 우리의 죄악을 대신하여 십자가의 형벌을 받으시고 우리를 구원하신 것입니다.

시인은 하나님을 믿는 이유를 자신이 하나님의 자녀가 되고 하나님이 자신을 붙들어 주신다는 것으로 설명하며 오직 하나님 외에는 다른 신을 섬기지 않겠노라고 말합니다.

> 다른 신에게 예물을 드리는 자는 괴로움이 더할 것이라 나는 그들이 드리는 피의 전제를 드리지 아니하며 내 입술로 그 이름도 부르지 아니하리로다 여호와는 나의 산업과 나의 잔의 소득이시니 나의 분깃을 지키시나이다(시 16:4-5).

이처럼 시인은 우상에 대한 자신의 태도를 먼저 밝힙니다. 우상이 복을 주는 것이 아니라 하나님이 자기의 자녀들에게 "기업"이라는 선물로 더욱 만족할 수 있다고 선포합니다. 여기서 말하는 "기업"은 일차적으로 가나안 땅을 가리키는데, 여기서 더 나아가서 하나님의 존재 자체가 기업이라고까지 말하고 있습니다.

이 얼마나 아름다운 고백입니까?

우리가 하나님을 믿는 이유에 대한 너무나도 정확한 가르침이 터져 나왔습니다. 우리가 하나님의 존재보다 하나님이 가진 것들, 그의 능력과 가지신 것과 세속적 복들에 기대를 가지고 하나님을 믿는다고 한다면 그것은 하나님을 믿는 것이 아니라 하나님에 속한 것들을 믿는 것입니다.

신부가 신랑과 결혼을 하는데 신랑을 사랑해서가 아니라 신랑이 가진 재산과 사회적 권력이 좋아서 결혼을 한다고 생각해 봅시다.

이런 신부를 보며 신랑이 자신을 사랑한다고 생각할 수 있겠습니까?

하나님의 신부된 우리가 신랑되신 하나님을 그렇게 믿는다고 고백하는 것과 같습니다.

수많은 찬송을 지었던 패니 크로스비 여사는 생후 6주 만에 의사의 잘못된 치료로 눈이 멀게 되었습니다. 그녀는 평생 동안을 앞을 보지 못했습니다. 그러나 9천여 편에 달하는 찬송의 시를 쓰며 하나님을 찬양했습니다.

크로스비 여사가 부흥회에 참석했을 때 부흥사 목사님

이 앞을 보고 싶지 않냐고 말했습니다. 그때 크로스비 여사는 눈을 뜨고 싶지 않다고 했습니다. 그 이유를 물어보니 이렇게 대답을 했습니다.

"저는 이렇게 앞이 보이지 않은 채로 저 천국에 가고 싶습니다. 왜냐하면 그 천국에서 제가 눈을 뜨고 제일 먼저 보는 분이 바로 우리 예수님일 테니까요."

그리고 그녀가 지은 많은 시들 중에 우리 찬송가에 수록된 곡들이 있는데 그중에 찬송가 435장 "나의 영원하신 기업"을 묵상해 봅니다.

> 나의 영원하신 기업 생명보다 귀하다
> 나의 갈 길 다 가도록 나와 동행하소서
> 주께로 가까이 주께로 가오니
> 나의 갈 길 다 가도록 나와 동행하소서.

오늘 이 시인도 자신의 기업되신 하나님이 함께 하시기 때문에 자신은 흔들리지 않을 것이라고 믿음으로 고백합니다.

> 내가 여호와를 항상 내 앞에 모심이여 그가 나의 오른쪽에 계시므로 내가 흔들리지 아니하리로다 이러므로 나의 마음이 기쁘고 나의 영도 즐거워하며 내 육체도 안전히 살리니 이는 주께서 내 영혼을 스올에 버리지 아니하시며 주의 거룩한 자를 멸망시키지 않으실 것임이니이다(시 16:8-10).

여기서 "흔들리지 아니하리로다"는 번역상 어떤 죽음의 위협 가운데 있음을 의미합니다. 그래서 "죽음에 이르지 않으리로다"로 해석됩니다.

> 주께서 생명의 길을 내게 보이시리니 주의 앞에는 충만한 기쁨이 있고 주의 오른쪽에는 영원한 즐거움이 있나이다(시 16:11).

하나님을 항상 우리 인생의 앞에 모시고 사는 사람은 하나님이 앞서 행하시며 모든 일들을 행하시기에 죽음의 두려움 앞에서도 담대할 수 있습니다. 하나님이 그 길을 생명의 길로 인도하시기 때문입니다.

시인이 마지막에 고백하는 "주의 오른쪽에는 영원한

즐거움이 있나이다"라는 말씀은 앞서 8절에서 고백한 "나의 오른쪽에 계시므로"와 연관이 있습니다. 그러므로 하나님이 계시니 곧 즐거움이 있다는 고백입니다.

하나님은 항상 우리와 함께 하시고 우리의 앞길을 생명의 길로 열어 주십니다. 그래서 우리는 하나님으로 인해 이토록 즐거워할 수가 있습니다. 저도 힘들 때가 있지만 하나님이 앞서 행하신다는 믿음을 가지면 다시 평안해집니다. 그것만큼 큰 위로는 없었습니다.

오늘 하루도 일상 가운데 하나님을 우리 앞에 모시고 오른쪽에 모시며 동서남북 모두 하나님이 함께 하시도록 그의 임재를 구합시다.

그래서 생명의 길을 내시는 하나님을 경험하는 하루 되시길 축복합니다.

9. 주의 눈으로 공평함을 살피소서
(시편 17:1-8)

시편 17편은 다윗의 시들 중에 대표적인 "기도시"입니다. 그가 어려운 일 앞에서 하나님께 간절히 드렸던 기도입니다. 특히 다윗이 사울에게 추격을 당하며 어려움에 처하여 하나님께 도움을 요청하는 내용입니다.

> 여호와여 의의 호소를 들으소서 나의 울부짖음에 주의하소서 거짓되지 아니한 입술에서 나오는 나의 기도에 귀를 기울이소서(시 17:1).

여기서 시인이 스스로를 "거짓되지 아니한 입술"이라고 말합니다. 이것은 두 가지의 확신이 있어야 이렇게 고백할 수 있습니다.

첫째, 자신이 정말 하나님 앞에 정직하게 기도하고 있

어야 합니다.

둘째, 자신의 기도를 하나님이 반드시 들으신다는 하나님에 대한 신뢰가 있어야 합니다.

만약 아들이 동네 불량배들에게 돈을 빼앗기고 두들겨 맞고 집으로 왔다고 생각해 봅시다.

아들이 아버지에게 도움을 요청할 텐데 자신이 당한 내용이 사실이 아니거나 아버지가 도와주실 것에 대한 신뢰가 없다면 이렇게 호소할 수 있을까요?

절대로 그렇지 못할 것입니다.

사실이 아니라면 거짓말을 해야 하고 아버지가 도와주실 것에 대한 신뢰가 없다면 도와 달라고 말을 하지 않을 것이기 때문입니다. 그런데 지금 시인은 이 두 가지에 대한 확신이 있습니다. 그래서 믿음으로 정직한 기도를 드리고 있습니다.

> 주께서 나를 판단하시며 주의 눈으로 공평함을 살피소서(시 17:2).

그리고 시인은 그 확신을 가지고, 하나님께 자신의 정직함을 공평하게 샅샅이 살펴보시고 확인해 달라고 단호히 간구합니다. 바로 좀 전에 말한 그 확신의 증거입니다. 그리고 마치 이 확인 절차의 결론이 내려진 듯이 그 정직함의 구체적인 정황을 말합니다.

> 주께서 내 마음을 시험하시고 밤에 내게 오시어서 나를 감찰하셨으나 흠을 찾지 못하셨사오니 내가 결심하고 입으로 범죄하지 아니하리이다 사람의 행사로 논하면 나는 주의 입술의 말씀을 따라 스스로 삼가서 포악한 자의 길을 가지 아니하였사오며 나의 걸음이 주의 길을 굳게 지키고 실족하지 아니하였나이다(시 17:3-5).

그 확인 절차, 즉 감찰의 결과는 흠을 찾지 못함이라고 말합니다. 그리고 더 자세히 두 가지를 설명하는데, 이 내용이 참 은혜가 됩니다.

첫째, 하나님의 말씀에 순종하지 않고 자신을 죽이려는 사울처럼 누군가를 해하려 하지 않았다는 것입니다.

그러고 보면 다윗은 도망을 쳤을 때 혼자가 아니었습니다. 함께 한 사람들이 있었는데 그중에는 나중에 다윗의 군대를 이끌었던 사람들도 있었습니다.

그런데 그런 사람들과 모이면서 사울을 향한 복수에

집중하기보다 자신과 함께 도망 중인 사람들에게 집중하는 모습들이 나옵니다. 처음에는 환난 당한 자, 주린 자, 원통한 자들이 모여들었고 함께 동굴로 도망 다녔는데, 그때 오히려 빛이 들어오지 않는 동굴 속에서 하나님의 빛 비추어짐을 노래하는 주옥같은 시들을 써 내려 갔습니다.

그리고 다윗은 자신과 함께 한 자들이 점점 군대가 되어 가는 과정에서도 그들의 먹을 것과 나눌 것을 위해 도움을 요청합니다. 놉의 제사장 아히멜렉을 찾아갔고 마온의 나발에게도 도움을 요청했습니다. 그런 와중에 다윗은 군사력을 갖추게 되었고 사울을 죽일 수 있는 기회들도 있었지만 사울에게 복수하지 않았습니다. 그리고 사울 앞에서도 당당히 하나님을 두려워하자고 말했습니다. 그래서 지금 이렇게 기도할 수 있는 것입니다.

우리는 상처를 받으면 그 상처를 마음속에 담아 둡니다. 우리 마음은 뭐가 들어가면 잘 빠져나오지 못합니다. 천천히 스며들어 없어지지만 대부분 그 찌꺼기가 남습니다. 그리고 같은 종류의 것들이 또 들어오면 더 스며들지 못하고 찌꺼기가 더 많이 남습니다. 그게 마음입니다.

그런데 시인처럼 하나님을 믿고 은혜 중에 있는 사람

은 그 마음에 뭐가 들어갔을 때 찌꺼기까지 다 치우려고 하나님께 "이거 좀 다 치워주세요"라고 기도합니다. 그 호소가 은혜로 돌아와서 찌꺼기들을 다 치우게 됩니다.

시인은 그런 경험들을 늘 해 왔고 지금도 확신을 가지고 또 한 번 그렇게 해 달라고 요청하고 있는 것입니다. 우리도 그렇게 기도해야 합니다. 원수들을 만날 때 이렇게 기도하면서 내 마음에 미움을 제거해 내야 합니다.

둘째, 시인은 자신의 인생에 큰 어려움이 있지만 하나님을 굳게 붙들어서 실족하지 않았다고 말합니다.

우리 마음에 찌꺼기가 쌓이고 쌓이면 나중에는 스며들지도 않고 넘쳐 버립니다. 그러면 우리의 영혼이 지치고 잠을 자버립니다. 더 이상 은혜에 반응하지 않으며 영적 감각을 잃어버립니다.

그래서 육신의 정욕대로 행동하며 다른 사람에게 자신이 받은 상처들을 되돌려 주려고 합니다. 어떤 때는 그 사람이 자신에게 상처를 준 사람이 아닐지라도 어떻게든 자신의 마음에 있는 것을 쏟아 내기 위해 누구든지 보이는 대로 던져 버리기도 합니다. 이렇게 되면 그의 영혼은 더 깊이 잠들어 버리고 영적 감각은 회복되기 힘들어집니다.

그렇게 점점 은혜를 누리지 못하고 하나님과도 거리가

멀어지는데 이것을 "실족"이라고 말하는 것입니다. 우리가 힘들고 어려운 일을 만나면 실족하는 이유가 여기에 있습니다. 쉽게 말하면 힘들고 어려운 일이 주는 상처 때문입니다. 그 상처가 마음에 들어왔을 때 이미 은혜는 식어 있고 영혼은 감각을 잃어버렸습니다. 그래서 마음에 가득 찬 찌꺼기들에 불을 붙여 터뜨려 버리는 것입니다.

심리학에서 "촉발 사건"이라는 말이 있습니다. 어떤 사건이 벌어질 때 조금씩 비슷한 사건들이 반복되면서 마음에 상처들이 쌓이고 있다가 이제 꽉 차버려서 더 이상 담아 둘 공간이 없을 때, 그때 작은 일이라도 걸리게 되면 갑자기 다 쏟아 버립니다. 그렇게 쏟아 낼 때는 과거의 상처와 유사했던 상처들이 다 튀어나옵니다. 여기서 꽉 차 버린 마음에 더 이상 공간이 없을 때 생기는 작은 사건, 그 사건을 "촉발 사건"이라고 합니다.

이처럼 우리 마음은 어느 순간 이유 없이 폭발하지 않습니다. 또한 우리 믿음도 이유 없이 어느 순간 실족하지 않습니다. 반드시 쌓여 왔던 시간들이 있었고 "촉발 사건"이 생겨서 실족하게 됩니다.

제가 대학생 때 학비를 벌려고 아르바이트를 했는데 당시에 서울 우면산 터널 공사 현장에 가서 소화전을 설치하는 일을 도왔습니다. 우면산 터널은 서초동 우면산 아래를 통과해서 "예술의 전당"까지 연결되는 구간으로 터널 주변의 땅값이 아주 비싸고 주변의 아파트들도 고가의 아파트로 유명한 곳입니다.

그런데 공사 중에 인부들과 식사를 할 때 어떤 분이 말하기를 산을 타는 사람들은 산을 아는데 그들은 산의 소리를 듣는다고 합니다. 무슨 말인가 하니, 산이 물을 많이 머금고 어느 정도의 용량을 채워 이제 더 이상 물을 흡수하지 못하게 되면 어떤 소리를 낸다고 합니다. 산을 타는 사람들은 그 소리를 들을 수 있는데 우면산에서 그런 소리가 난다는 이야기를 들었다는 것입니다.

저는 그때 그 말을 흘려들었습니다. 그런데 시간이 지나서 2011년 7월 27일, 우면산에 큰 산사태가 났습니다. 그 산사태가 아파트를 덮쳐서 16명이 사망하고 51명이 부상을 당하는 안타까운 큰 사고로 이어졌습니다.

우리의 신앙도 이처럼 그런 사태에 대비해서 평소에 시인처럼 기도해야 합니다. 평소에 하나님을 붙들어야 합니다. 그래서 어려움을 견디고 이겨 낼 수 있습니다. 그래야 낙심하지 않을 수 있습니다.

기도하는 사람은 이 시인의 마지막 고백을 이해할 것입니다.

> 주께 피하는 자들을 그 일어나 치는 자들에게서 오른손으로 구원하시는 주여 주의 기이한 사랑을 나타내소서 (시 17:7).

기도만이 상황과 현실을 도우시는 하나님을 움직이게 합니다.
오늘도 하나님의 도우심을 구하며 기도합시다.
그 기도를 날마다 올려드려서 우리에게 닥친 어려움을 하나님의 오른손으로 이겨 내는 은혜를 누리시길 축복합니다.

10. 주의 형상으로 만족하리이다
(시편 17:9-15)

성경에는 다양한 악인들이 등장합니다. 그들은 모두 "악인" 또는 "원수"라는 말로 표현되는데 그 이유는 그들이 개인적으로 하나님을 부인하는 정도를 떠나 항상 하나님을 잘 따르는 사람들을 괴롭히고 고통을 주기 때문입니다.

우리는 하나님을 믿는 사람들과 안 믿는 사람들로 사람들을 구분할 수 있지만, 사실 성경은 이보다 더 구체적으로 잘 믿는 사람과 잘 안 믿는 사람뿐만 아니라 안 믿는 사람과 안 믿게 하는 사람으로도 나눕니다.

여기서 안 믿는 사람들은 자기가 하나님을 부인할 뿐 굳이 다른 사람들의 신앙에는 개입하지 않습니다. 그러나 안 믿게 하는 사람은 자기만 안 믿는 것이 아니라 자기 주변의 사람들도 안 믿게 합니다. 더 나아가 믿는 사람들이 생기면 이를 방해합니다. 괴롭히기도 하고 고통을 주려고 합니다. 그렇게 해서라도 하나님과 떼어 놓으려고 합니다. 이런 사람을 성경은 "악인" 또는 "원수"라고 말하는 것입니다.

오늘 본문에도 그런 "원수"가 등장하고 시인을 괴롭힙니다.

> 내 앞에서 나를 압제하는 악인들과 나의 목숨을 노리는 원수들에게서 벗어나게 하소서 그들의 마음은 기름에 잠겼으며 그들의 입은 교만하게 말하나이다 이제 우리가 걸어가는 것을 그들이 에워싸서 노려보고 땅에 넘어뜨리려 하나이다(시 17:9-11).

앞서 전제들을 말했으니 이 본문에서 시인이 원수들에게서 벗어나게 해 달라는 간곡한 요청이 어떤 의미인지 알 수 있습니다. 즉, 그들의 괴롭힘과 방해에서 벗어날 뿐 아니라 하나님을 계속 신뢰하고 의지하겠다는 의미가 담겨 있습니다.

시인이 단지 현실적인 고통에서의 보호만을 요청하는 것 같지만 자세히 보면 그렇지 않습니다. 그 상황에서 보호를 받아 결국 하나님을 더 잘 믿고 싶다는 신앙의 고백이 담겨 있습니다.

우리는 하나님께 기도할 때 현실의 어려움을 놓고 해결해 달라고 기도합니다. 그런데 이 해결이 단순히 현실 문제의 해결에 그칠 때가 있습니다. 그런 경우에 실제로 현실의 문제들이 해결되면 "감사"는 잠깐이요 다시 하나님과 멀어질 수 있습니다.

오래전 대학 입시에 재수를 하며 준비하는 청년이 있었는데 원래는 교회도 잘 안 나오던 청년입니다. 그런데 그 청년은 대학에 떨어지고 재수를 하면서 기도해야겠다고 생각하여 교회를 잘 나오기 시작했습니다.

그때부터 청년부 예배에도 매주 나오고 새벽기도도 열심히 나왔습니다. 저는 그 청년을 보며 참으로 믿음이 괜찮은 친구라고 생각하여 기도해 주며 응원했습니다. 그리고 결국 그 청년은 원하는 대학에 입학했습니다.

그런데 그때부터 갑자기 교회를 나오지 않았습니다. 제가 계속 연락을 하니 어떻게 한번 다시 나왔습니다. 예배가 끝나고 교제를 나누는데 제가 그동안 왜 나오지 않았는지를 물었습니다. 이 청년이 대답하기를, 입시를 준비할 때는 하나님의 도움이 없이는 안 될 것 같아서 매일 기도하면서 준비를 했는데, 막상 대학에 입학하고 나서 생각해 보니까 '그동안 자신이 준비를 잘 해서 합격하게 된 것인데 왜 그렇게 기도했을까'라는 생각이 들었다고 했습니다.

현실의 문제가 있을 때에는 하나님께 기도했는데 정작 문제가 해결되니 자신이 그 문제를 해결했다는 생각이 든 것입니다. 그리고 다시 하나님과 멀어진 겁니다.

또 다른 한 청년이 있었습니다. 이 청년은 대학을 졸업하고 카페에서 일했는데 주일성수를 할 수 없어서 늘 고민이었습니다. 그러다 매번 기도하기를 빨리 점장이 되어서 주일성수를 할 수 있게 해 달라고 간구했습니다. 나중에 결국 점장이 되었고 스케줄을 자신이 조정하여 주일성수를 할 수 있게 되었습니다. 그후에도 예배에 매주 잘 나왔고 아르바이트하는 청년들을 교회에 데리고 나오기도 했습니다.

이 두 경우의 차이점은 무엇입니까?

바로 현실의 문제만 놓고 기도한 것과 현실의 문제를 통한 신앙고백을 위해 기도한 것이 서로 달랐습니다. 생각해 보면 기도의 내용에서부터 그 결과가 짐작됩니다.

저도 누군가 아플 때 기도 요청을 받으면 단지 아픔이

치료되기를 기도하기보다 치료되는 과정에서 하나님을 만나고 신앙이 더 자라기를 기도합니다. 치료를 통해 더 건강하게 하나님께 예배하기를 간절히 기도합니다. 우리는 그렇게 기도해야 합니다. 여기서 자기는 그렇지 않다고 여겨서는 안 됩니다. 그 이유가 성경에 나옵니다.

> 그는 그 움킨 것을 찢으려 하는 사자 같으며 은밀한 곳에 엎드린 젊은 사자 같으니이다 여호와여 일어나 그를 대항하여 넘어뜨리시고 주의 칼로 악인에게서 나의 영혼을 구원하소서(시 17:12-13).

이렇게 우리의 신앙을 방해하는 요소들이 굶주린 사자 같이 문밖에서 움츠리고 기다리고 있다는 겁니다. 그래서 우리가 현실의 문제로 신앙을 놓치는 순간 틈을 타고 들어와서 우리 신앙을 잡아먹어 버립니다. 그래서 그 굶주린 사자를 하나님이 칼로 죽여 달라고 기도하는 것입니다.

우리는 기도하지 않고 스스로의 의지로 이길 수 있다고 생각하는 교만을 버려야 합니다. 하나님이 역사하지 않으시면 절대로 이길 수 없다고 고백하며 기도해야 합니다.

왜 굳이 "사자"라는 표현이 사용되었을까요?

굶주린 사자를 쫓아내려고 소리를 지르고 몽둥이 몇 번 휘두른다고 물러가겠습니까?

어림도 없습니다. 그 원수들은 한 번 이겨낸다고 순순히 물러나지 않습니다. 그래서 "사자"라는 표현을 쓴겁니다. 그들은 잘 물러가지 않을 뿐 아니라 더 무서운 힘을 가지고 있습니다.

> 여호와여 이 세상에 살아 있는 동안 그들의 분깃을 받은 사람들에게서 주의 손으로 나를 구하소서 그들은 주의 재물로 배를 채우고 자녀로 만족하고 그들의 남은 산업을 그들의 어린 아이들에게 물려 주는 자니이다 (시 17:14).

이렇게 "악인"은 자신의 자녀에게까지 그 원수의 짓을 하도록 가르치고 유업으로 물려줍니다. 그래서 대대로 우리 믿는 자들을 괴롭힙니다.

다시 말합니다. 하나님께 간절히 기도하지 않고는 원수들을 절대로 물리칠 수 없습니다. 우리의 의지로는 안 된다는 것을 인정하는 사람이 정말 간절히 하나님을 찾게 됩니다. 그래서 본문에서 시인이 그렇게 간절히 구하고 있습니다.

그리고 시인은 믿음으로 하나님의 형상을 보고자 합니다. 쉽게 말하면 시인은 하나님의 존재에 대한 강력한 신뢰가 있습니다. 그러니 어떤 능력이나 기적 때문이 아니라 하나님의 형상 자체로만 만족한다고 고백합니다.

> 나는 의로운 중에 주의 얼굴을 뵈오리니 깰 때에 주의 형상으로 만족하리이다(시 17:15).

우리도 하나님의 존재에 대한 이런 강력한 확신을 가지고 살아야 합니다. 다른 기적이나 현실의 문제가 해결되는 것을 믿음의 목적으로 여기면 안 됩니다. 오히려 하나님의 존재 자체를 신뢰하고 기도하면 오히려 하나님이 그 어려움들에 은혜의 손길을 허락하십니다.

시인은 그것을 알고 있었기 때문에 기도할 수 있었습니다. 오늘도 하나님을 신뢰하며 간절히 기도하는 하루 되시길 축복합니다.

11. 나의 힘이신 여호와여
(시편 18:1-3)

나의 힘이신 여호와여 내가 주를 사랑하나이다 여호와는 나의 반석이시요 나의 요새시요 나를 건지시는 이시요 나의 하나님이시요 내가 그 안에 피할 나의 바위시요 나의 방패시요 나의 구원의 뿔이시요 나의 산성이시로다 내가 찬송 받으실 여호와께 아뢰리니 내 원수들에게서 구원을 얻으리로다(시 18:1-3).

이 시는 원수에게서 보호하시고 전쟁을 승리하게 하신 하나님께 드리는 감사 찬양입니다. 즉, 어떤 어려움의 과정 중에서 미래의 승리를 소망하는 것이 아니라 이미 승리한 일에 대한 감사입니다. 그렇다면 이 시는 이미 하나님께서 이미 주신 승리에 관한 것으로서, 우리에게도 큰 안심과 도전이 되는 내용입니다.

또한 자세히 살펴보면 구체적으로 어떤 일들이 있었는지를 말하는데, 지금 우리의 상황과 다를 바가 없어서 깊이 공감될 뿐만 아니라 힘이 되는 시입니다.

먼저, 1절에서는 우리에게 아주 익숙한 구절이 나오는데, 이 구절을 가사로 지어진 찬양이 있습니다. 이 찬양을 부를 때마다 얼마나 힘이 되었는지 모릅니다. 저는 이 찬양을 부를 때마다 너무 힘이 나서 찬양할 때 두 손을 들지 않을 수 없었습니다.

특별히 하나님에 대해 표현하기 위해 사용된 일곱 가지의 은유는 정말 시편 전체를 놓고 봐도 탁월하다 할 만큼 기가 막힌 표현들이 나옵니다.

첫째, 하나님을 "반석"이라고 말합니다.

영어로는 "Rock"인데 돌로 이루어진 산을 생각나게 합니다. 제가 미국 라스베가스에 갔을 때 "레드락"이라는 돌산을 갔었는데 모든 산들이 붉은 색의 돌로 이루어져 있었습니다. 나무나 풀은 거의 보이지 않았고 높은 산들이 모두 돌이어서 마치 돌로 깎아서 만든 것 같았습니다.

그런데 히브리어에서 "반석"은 절벽 또는 암벽의 의미가 있습니다. "레드락"의 한 돌산에 올라갔을 때 그 경사는 너무도 가팔랐고 바로 앞에 있는 돌산과도 아주 가까웠습니다. 그만큼 가파른 절벽이 많고 산과 산의 거리는 좁았습니다. 그래서 이 산에서 저 산에 있는 사람 간에 대화를 해도 될 정도였습니다.

실제로 다윗이 사울을 동굴에서 살려 주고 옷깃만 베고 난 후에 사울과 대화를 하는 장면이 나오는데 그때 바로 이런 상황처럼 절벽을 사이에 두고 양쪽의 돌산 위에서 서로 말하는 상황이었습니다.

그리고 다윗은 사울을 피해 도망 다닐 때 절벽에 몸을 숨길 때가 있었습니다. 그 절벽에 숨어 있을 때 사울이 찾지 못하고 돌아갔는데 이 일에 대한 감사를 드리는 것입니다.

우리는 그런 절벽의 상황을 만나면 절벽까지 내몰려진 자신의 상황을 원망하고 하나님께 불평하지만 다윗은 절벽을 허락하셔서 몸을 숨겨 주신 하나님께 감사하고 있습니다. 진정한 감사는 이런 것입니다.

둘째, 하나님을 "요새"라고 말합니다.

요새는 그 돌산에 있는 동굴을 말합니다. 이스라엘의 돌산들에는 동굴들이 많았습니다. 그래서 산양들이 절벽을 타고 그 동굴로 들어갈 때도 있었습니다. 나중에 성경의 사본을 보관하던 쿰란 공동체가 전쟁의 소식을 듣고 이런 동굴에 사본을 숨겼는데 이것을 시대가 많이 지난 후에 양을 찾으러 간 목동이 발견하여 세상에 알려지기도 했습니다. 이 사본이 바로 "쿰란 사본"입니다.

다윗은 엔게디 동굴에 숨어서 몸을 피했는데 빛이 들어오지 않았던 그 동굴에서 하나님을 찬양하고 주옥같은 시편을 써 내려 갔었습니다. 다윗은 이 동굴 속에서도 자신을 한탄하지 않고 오히려 동굴에서 하나님의 더 큰 빛을 보았노라고 찬양했습니다. 이렇게 다윗은 무엇이든 감사의 고백으로 살았습니다.

셋째, 하나님을 "나를 건지시는 이"라고 말합니다.

이것은 하나님의 공의에 대한 감사입니다. 하나님이 공의롭지 않으셨다면 다윗에게 은혜를 베풀지 않으셨을 것입니다. 세상은 때로는 힘 있는 자들의 편이 되어 정의와 정직이 무너질 때가 많습니다. 그러나 우리 하나님은 오직 공법을 물같이 정의를 하수같이 흘려보내시는 공의로우신 분이십니다.

하나님은 사울이 제사를 드리기 위해서 사무엘을 기다리지 못했을 때, 그가 이스라엘을 블레셋의 공격으로부터 방어하기보다 다윗을 쫓아다니는 데 집중하고 있었을 때, 백성들이 정의롭지 못한 권력자들에 의해 가난과 핍박 속에 힘들게 살고 있었음에도 돌아보지 않았을 때를 기억하시고 그의 왕권을 회수하시고자 계속 준엄한 말씀을 선포하셨습니다.

그러므로 우리는 안심하고 안전할 수 있습니다. 왜냐하면 하나님의 이 공의로우심이 변치 않고 한결같아서 그 결정이 바뀌거나 치우치지 않을 것이기 때문입니다. 그래서 공의로우신 하나님 덕분에 우리는 안전할 수 있습니다.

잠시 잠깐 악인들이 잘 되는 것 같아도 너무 걱정하지 마십시오.

하나님은 공의로우십니다. 그리고 이 세상은 유한하고 한계를 가진 세상입니다. 시간에 한정되어져 있고 세상은 평생 평안하게 잘 살기 힘들 정도로 서로가 서로를 무너뜨리는 사회입니다. 하나님은 잠시 내어 버려 두시는 것입니다. 오히려 그것은 로마서 1장에서 말하는 가장 큰 심판입니다.

넷째, 하나님을 "바위"라고 말합니다.

여기서 바위는 앞서 말한 반석과는 좀 다르게 견고하다는 의미입니다. 하나님은 견고하십니다. 하나님은 원수들이 아무리 깨뜨리려 해도 깨지지 않는 단단한 바위이십니다. 그래서 하나님은 절대로 패하지 않으시고 절대로 무너지지 않으십니다. 우리는 연약하기 때문에 잠시 아프고 절망할 수 있으나 우리 하나님은 그렇지 않으십니다.

그래서 하나님은 우리가 연약할 때에 도우십니다. 우리가 이 바위를 의지할 때 든든하게, 안전하게 보호하심을 받고, 일으켜 세우심을 받습니다. 그래서 우리는 하나님을 의지해야 합니다.

다섯째, 하나님을 "나의 방패"라고 말합니다.

방패는 원수의 공격을 막아 주는 최고의 무기입니다. 사실 우리가 원수를 공격할 일보다 원수가 우리를 공격할 때가 더 많습니다. 우리는 예수님의 마음을 본받아서 오히려 자기의 것을 내어 주고 포기하고 때로는 피해를 입는 것을 자청하기도 합니다.

그래서 우리는 칼보다 방패가 더 중요합니다. 이 방패는 하나님에 대한 우리의 변함없는 믿음과 관련이 있습니다. 아무리 공격을 당해도 변함없이 하나님을 믿는 것입니다.

2015년 11월 3일 프랑스 파리에서 테러가 있었습니다. 여기서 자신의 아내를 잃은 한 남편이 테러범들에게 편지를 썼습니다.

지난 금요일 밤, 당신들은 너무도 특별했던 한 사람의 생명을 앗아갔다. 내 인생의 사랑 그리고 내 아들의 엄마였던 사람. 하지만 당신들은 내 증오를 일으키지 못할 것이다. 죽은 영혼을 가진 당신들이 누구인지도 알고 싶지도 않다. 내 분노와 증오를 얻고 싶겠지만 증오로 답하는 건 당신들과 똑같은 무지한 인간과 다를 것이 없다.

내 아내의 몸에 박힌 총알 하나하나는 당신들이 섬기는 그 신의 심장에 박혀 괴롭힐 것이다. 당신들은 내가 겁에 질려 내 이웃과 조국을 불신하고 내 안전을 위해 자유를 포기하길 바랄 테지만 당신들은 틀렸다. 나는 지금까지와 마찬가지로 살아가겠다.

며칠 밤을 애타게 가슴 졸이며 기다리다 드디어 오늘 (현지 시간 17일) 아내의 모습을 봤다. 아내는 지난 금요일 외출을 나갈 때처럼 12년 전 우리가 사랑에 빠졌을 때처럼 너무 아름다웠다. 당연히 나는 죽은 아내를 보며 비통하고 충격에 빠졌다.

당신들이 작은 승리를 거뒀다고 해 두자. 하지만 그 승리는 오래가지 않을 것이다. 아내는 날마다 나와 내 아들과 함께할 것이고 당신들이 절대로 가지 못할 천국에서 우리는 함께할 것을 나는 알고 있다.

난 지금 막 낮잠에서 깬 17개월 된 아들에게 돌아갈 것이다. 당신들 따위에게 신경 쓸 시간이 없다. 내 아들은 매일 맛있는 밥을 먹을 것이고 우리는 매일 시간을 함께 보낼 것이며 이 작은 아이는 행복하고 자유롭게 삶으로써 당신들과 직면할 것이다. 당신들은 내 아들의 증오도 일으킬 수 없을 것이다.

저는 이 편지를 읽으면서 한없이 묵상했습니다. 저에게는 이런 마음이 별로 없는 것 같았습니다. 그러나 이 짧은 편지가 다시금 저의 부족함을 알게 하고 다시 말씀을 보게 하였습니다. 그리고 저는 칼과 방패 중에 하나를 구하라고 하시면 방패를 구하겠다고 고백하였습니다. 하나님은 우리의 방패이십니다.

여섯째, 하나님을 "나의 구원의 뿔"이라고 말합니다.

구원의 뿔은 제단의 뿔로 여겨집니다. 열왕기상 2장을 보면, 도망치던 자가 제단의 뿔을 붙잡는 일이 등장합니다. 이처럼 힘든 일이 있을수록 우리가 예배와 말씀을 붙들어야 합니다.

일곱째, 하나님을 "피난처"라고 말합니다.

피난처는 앞서 말한 여섯 가지의 모든 비유를 총괄하는 표현입니다. 이 모든 표현들이 곧 하나님이 우리의 피난처가 되신다는 의미입니다.

이렇게 우리도 하나님을 피난처 삼아 힘겨운 일상에도 믿음으로 살아갑시다.

12. 여호와께서 나의 의지가 되셨도다
(시편 18:4-19)

앞서 1-3절에서 살펴본 하나님의 대한, 시인의 일곱 가지 은유적 표현을 다시 생각해 보면, 이 표현들은 하나님이 시인을 어떻게 보호하시는지를 말하는 것이었습니다. 그리고 이제 시인은 그 보호가 얼마나 필요했었는지를 자신이 처했던 고난을 말함으로써 보여 줍니다.

> 사망의 줄이 나를 얽고 불의의 창수가 나를 두렵게 하였으며 스올의 줄이 나를 두르고 사망의 올무가 내게 이르렀도다(시 18:4-5).

여기서 "사망의 줄," "불의의 창수," "스올의 줄," "사망의 올무"라는 표현은 고난의 현실이 얼마나 크고 깊었는지를 짐작하게 합니다.

"사망"은 곧 고난의 최종적인 결과를 말하고 "창수"는 폭풍우를 연상케 하며 고난의 정도를 말합니다. "스올"은 지옥을 연상케 하므로 죽을 것 같은 극단적인 힘든 사건을 말합니다. 그리고 "줄," "올무"라고 하는 것은 시인을 묶어 죽음으로 이끄는 것처럼 고난이 심했음을 의미합니다.

다시 말하면 큰 고난이 시인을 죽고 싶은 마음이 들도록 이끌고, 또 이렇게 고난이 계속되다 가는 결국 죽을 것이라는 낙심과 패배감이 들게 했다는 것을 말합니다.

이런 단어들을 상상하노라면 그의 처한 어려움이 얼마나 극단적이었는지를 짐작할 수가 있습니다. 실제로 시인인 다윗의 인생이 어떠했는지 성경을 통해 일부라도 알고 있는 우리는 시인이 충분히 이런 단어를 쓸 수 있겠다는 공감할 수 있을 것입니다.

그리고 이런 어려움 중에서 시인은 하나님께 부르짖고 기도합니다.

> 내가 환난 중에서 여호와께 아뢰며 나의 하나님께 부르짖었더니 그가 그의 성전에서 내 소리를 들으심이여 그의 앞에서 나의 부르짖음이 그의 귀에 들렸도다(시 18:6).

시인은 이렇게 간구한 결과, 분명 하나님이 그 간구를 들으셨다고 말합니다. 우리 성도의 가장 큰 복은 우리의 기도가 응답되는 것입니다. 시인은 지금 놀라운 복을 받았노라고 고백하고 있습니다.

지금까지 정말 어려운 고비들을 많이 넘기고 왕이 되어 이 시를 쓰고 있을 것인데 그 힘겨운 시절을 지나 이렇게 응답하심을 고백하고 있는 것이 얼마나 감사합니까!

우리도 당장은 어려운 시절이 있겠지만 부르짖고 기도할 때 하나님이 들으시고 응답하실 줄 믿어야 합니다.

이제는 그 하나님의 응답하심이 어떻게 나타났는지를 말하는데 이제부터 시인은 그 응답의 내용을 너무나도 장엄하게 말하기 시작합니다. 저는 이 고백을 묵상하면서 정말 감당하기 힘든 그 스케일에 큰 감동을 받았습니다.

시인이 그동안 겪었던 고난을 보면서 하나님이 너무하셨다는 생각이 다소 있었는데, 이 고백을 보며 그 생각마저 모두 날아가 버리는 놀라운 은혜가 있었습니다.

그 내용은 다음과 같습니다.

> 그가 또 하늘을 드리우시고 강림하시니 그의 발 아래는 어두캄캄하도다 그룹을 타고 다니심이여 바람 날개를 타고 높이 솟아오르셨도다(시 18:9-10).

먼저는 하나님의 강림을 말합니다. 이 장면은 예수님의 승천도 상상하게 합니다. 그런 놀라운 광경이 보여졌다고 말합니다. 그리고 계속 이어집니다.

> 그가 흑암을 그의 숨는 곳으로 삼으사 장막 같이 자기를 두르게 하심이여 곧 물의 흑암과 공중의 빽빽한 구름으로 그리하시도다 그 앞에 광채로 말미암아 빽빽한 구름이 지나며 우박과 숯불이 내리도다 여호와께서 하늘에서 우렛소리를 내시고 지존하신 이가 음성을 내시며 우박과 숯불을 내리시도다(시 18:11-13).

이제 하나님이 나타나시는데 우리가 하나님의 본체를 보면 죽기 때문에 그대로 보여 주지 않으시고 빽빽한 구름, 곧 비구름이 그를 둘러싸도록 하셔서 직접 보지 못하도록 하셨습니다. 그리고 심판을 상징하는 숯불과 하나님의 임재를 상징하는 천둥소리 같은 큰 소리가 동반하여 시인에게 나타나십니다.

그리고 하나님의 현현이 실현되는 가운데 하나님이 세상의 악함에 대해 직접 심판하십니다.

> 그의 화살을 날려 그들을 흩으심이여 많은 번개로 그들을 깨뜨리셨도다 이럴 때에 여호와의 꾸지람과 콧김으로 말미암아 물 밑이 드러나고 세상의 터가 나타났도다 (시 18:14-15).

여기서 "화살"은 "번개"를 의미하고, "세상의 터"는 곧 악인들을 말하는데 하나님은 심판의 번개로 악인들을 물 밑이 드러나듯이 드러내시고 준엄한 심판의 말씀으로 무너뜨리십니다.

이 장면은 마치 한 마을에서 나쁜 어른들이 한 어린아이를 때리고 괴롭히는데 이 아이가 날마다 계속되는 고난에도 포기하지 않고 간절히 기도했더니 어느 날 갑자기 군대가 탱크를 몰고 와서 그 마을의 나쁜 이들을 쓸어버리는 것과 같습니다.

전쟁 관련 영화나 드라마를 보면 육군이 총으로 전투를 하다가 도저히 상황이 불리해서 이기지 못할 것 같으면 아군의 지원을 요청합니다. 그러면 전투기들이 날아가서 그 지역을 폭격하여 전세를 뒤집습니다. 본문에서 이런 장면들이 연상되었습니다.

성경에서 좀 더 유사한 비유가 있는데, 마태복음 21장에 나오는 포도원의 악한 농부들 비유입니다. 주인이 농부들에게 포도원을 세 주고 타국으로 갔다가 열매 거둘 때 대가를 받기 위해 종들을 보내었더니 악한 농부들이 종들을 때리고 돌로 치고 죽여 버립니다. 그래서 주인은 더 많은 종들을 다시 보내는데 똑같이 때리고 돌로 치고 죽입니다.

그래서 마지막으로 주인이 그의 아들을 보내었더니 이번에는 오히려 악한 농부들이 포도원 전체를 빼앗기 위해 아들을 죽여 버립니다. 그랬더니 화가 난 주인이 무리를 이끌고 와서 악한 농부들을 진멸해 버리고 포도원을 다른 농부들에게 일하도록 세를 주었습니다.

이것은 하나님이 자기의 계획을 실현하시기 위해 이 땅으로 보내신 우리 믿는 자들을 세상의 악한 이들이 괴롭히고 고통을 줄 때, 결국 그 악한 이들이 어떤 심판을 받게 되는지를 잘 말해 주고 있습니다.

하나님이 나타나시는 것을 "현현"이라고 말하는데 이

런 하나님의 현현보다 더 큰 일이 어디 있겠습니까?

시인은 오랫동안 겪어 온 고통을 어떻게 이겨 내고 왕이 될 수 있었는지를 생각하다가 상황을 역전시키는 하나님의 현현이 있었다는 것을 발견하고 고백하는 것입니다.

이런 하나님의 현현이 우리의 기도를 통해 어떤 식으로든 나타날 것입니다. 하나님이 기도하는 자를 붙드시고 일하실 것입니다. 그리고 우리를 건져내시고 구원하실 것입니다.

> 그들이 나의 재앙의 날에 내게 이르렀으나 여호와께서 나의 의지가 되셨도다 나를 넓은 곳으로 인도하시고 나를 기뻐하시므로 나를 구원하셨도다(시 18:18-19).

그렇습니다. 하나님은 우리를 악인들의 핍박에서 건져 내시길 기뻐하십니다. 그러니 우리는 마음껏 기도할 수 있습니다. 지금 이 시인의 하나님은 곧 우리의 하나님이십니다.

우리의 일상에 그렇게 역사하심을 믿으시기 바랍니다. 오늘도 이런 크고 놀라운 하나님을 묵상하며 현실의 많은 문제들을 놓고 기도합시다.

    포기하지 않고 기도함으로써 하나님이 임하시고 일하심을 누리는 은혜가 있으시길 축복합니다.

13. 우리 하나님 외에 누가 반석이냐
(시편 18:20-31)

지난 시간에 하나님께서 시인의 오랜 고난을 자신의 현현의 은혜로 덮으시고 위로하신 것을 살펴보았습니다. 그 크고 놀라우신 우리 하나님의 강림과 악인들을 심판하시는 장면은 시편의 많은 고백들 중에서도 가장 뛰어난 고백이라고 생각됩니다.

그리고 이제 시인은 그 하나님의 현현과 심판에 대해 이 일이 자신에게는 어떤 의미인지를 말합니다. 결론을 먼저 말하자면 그 일은 시인에게 하나님의 완전하심을 신뢰하게 되는 일이었습니다.

하나님은 자기의 완전하심을 시인의 삶에 나타내셨습니다. 이는 시인의 오랜 기도에 대한 응답이었고 하나님의 약속 성취였습니다. 그리고 시인은 이 모든 일을 하나님이 "갚으셨다"라고 표현합니다.

> 여호와께서 내 의를 따라 상주시며 내 손의 깨끗함을 따라 내게 갚으셨으니(시 18:20).

> 그러므로 여호와께서 내 의를 따라 갚으시되 그의 목전에서 내 손이 깨끗한 만큼 내게 갚으셨도다(시 18:24).

이처럼 "갚으셨다"는 표현이 반복됩니다. 우리가 누군가에게 도움을 받았을 때 몇 가지 다양한 표현을 사용할 수 있습니다. "도우셨다," "품으셨다" 등의 표현들이 있는데 그중에서 가장 큰 도움을 받았을 때 사용할 수 있는 표현이 바로 "갚으셨다"입니다. 그만큼 큰 은혜를 입었다는 의미입니다.

지금 시인은 고난 이후에 왕의 신분으로 이 시를 쓰고 있습니다. 그래서 그는 하나님의 "갚으심"의 은혜와 그 성품을 이토록 잘 알고 있습니다.

왕으로서 시인의 인생 중에도 그런 깨달음이 잘 드러나는 장면이 있습니다. 아들 압살롬의 반역으로 그가 성을 떠나 도망을 나왔을 때 마하나임으로 가게 되는데 이때 자신을 공궤했던 사람들이 있었고 그중에 "바르실래"라는 노인이 있었습니다.

나중에 압살롬이 죽고 다시 왕궁으로 들어갈 때 다윗이 바르실래에게 이번에는 자신이 보답할 테니 왕궁으로 같이 들어가자고 제안합니다. 그랬더니 바르실래가 이제 살날이 얼마 남지 않은 노인에게 굳이 갚으시냐고 말하면서 자신의 아들을 대신 데리고 갈 것을 요청하는 장면이 나옵니다.

이때 바르실래가 "갚다"라는 표현을 쓰는데 바로 다윗이 하나님께 고백했던 그 표현입니다. 다윗은 하나님이 자신에게 큰 은혜를 베푼 것을 늘 기억하고 있었고 자신에게 작은 것이라도 도움을 주는 이들 하나하나를 깊이 살피고 갚기 위해 노력하였습니다.

이런 왕이 어디 있습니까?

이런 왕은 열왕기서를 아무리 뒤져 봐도 없습니다. 하나님의 은혜를 기억하는 것도 은혜인데 기억을 넘어 자신이 하나님처럼 은혜를 베푸는 삶을 살았으니 더 은혜인 것입니다.

이런 삶의 열매가 바로 하나님의 완전하심에 대한 묵상 때문이었습니다. 시인은 하나님의 완전하심을 하나님의 현현으로써 알게 되었는데, 그 과정에서 시인이 깊이 묵상하게 된 것은 바로 하나님의 완전하신 성품입니다.

> 깨끗한 자에게는 주의 깨끗하심을 보이시며 사악한 자에게는 주의 거스르심을 보이시리니 주께서 곤고한 백성은 구원하시고 교만한 눈은 낮추시리이다(시 18:26-27).

하나님은 완전히 의로우시고 죄를 미워하시며 심판하시는 분이시기에 악함에 대해 절대로 그냥 두지 않으시고 반드시 정죄하고 심판하십니다. 그래서 주의 백성들이 보호를 받게 하십니다.

시인은 하나님의 이 위대한 성품을 지난 시간에 살펴본 하나님의 현현의 놀라운 은혜 속에서 깨닫게 된 것입니다. 우리는 어떤 완전함을 보게 되면 절대적인 신뢰의 믿음이 생깁니다. 그럴 수밖에 없습니다.

저희 아이들이 아주 어릴 적에는 쇼핑을 하러 마트에 데리고 가면 아주 기분이 좋아서 이리저리 뛰어다니다가 몰래 숨곤 했습니다. 그래서 조금만 물건을 고르다 보면 아이들이 없어져 버립니다. 그래서 찾으러 다니면 어딘가에서 쏙 튀어나옵니다. 쇼핑하는 동안 이런 일을 반복합니다. 그래서 쇼핑을 마치고 나올 때 저희 부부는 너무 몸이 지치고 정신이 없었습니다.

그런데 그 아이들이 왜 그렇게 계속 뛰어놀 수 있었을까요?

아이들은 자신들이 놀다가 숨어 버려도 부모가 찾아 준다는 것을 알기 때문입니다. 그렇게 어릴 때는 부모님이 완전하다고 생각하므로 사실 가장 부모를 신뢰할 때입니다.

시인은 하나님에 대해 그런 신뢰를 보이고 있습니다. 그 완전하심이 하나님의 성품으로 구체적으로 표현되고 있습니다. 그리고 하나님의 완전하심을 찬양합니다.

> 내가 주를 의뢰하고 적군을 향해 달리며 내 하나님을 의지하고 담을 뛰어넘나이다 하나님의 도는 완전하고 여호와의 말씀은 순수하니 그는 자기에게 피하는 모든 자의 방패시로다(시 18:29-30).

시인이 얼마나 하나님의 완전하심을 신뢰하였으면 "적군을 향해 달리며"라고 말하고 "담을 뛰어 넘나이다"라고 말하겠습니까?

이 얼마나 믿음에 가득 찬 고백입니까?

이 고백의 근거가 바로 그 직전의 구절에 나옵니다.

> 주께서 나의 등불을 켜심이여 여호와 내 하나님이 내 흑암을 밝히시리이다(시 18:28).

하나님이 등불을 켜서 길을 비추시고 흑암을 밝히시니 시인은 고난에 직면하여 달려갈 수 있고 그 담을 넘을 수 있다고 고백할 수 있었던 것입니다. 믿음은 이처럼 고난을 등지고 도망가는 것이 아니라 고난을 믿음으로 해석하고 고난을 향해 달려가는 것입니다.

이것이 시인이 고난을 대하는 태도였고 고난이 닥칠 때의 반응이었습니다. 그의 인생은 두 번이나 도망을 다니는 기간이 있었습니다. 한 번은 사울을 피해서, 또 한 번은 아들 압살롬을 피해서 도망 다녀야 했습니다. 그렇게 자신이 도망을 다니며 살았음에도 오히려 그 고난 앞으로 더욱 달려갔다고 고백합니다.

이제 시인의 삶에 몇 가지 장면이 스쳐 지나갑니다. 시인은 빛이 들어오지 않았던 아둘람 동굴에 숨어 있을 땐 하나님의 광대하신 빛을 노래하였고, 절벽에 숨어 있을 땐 오히려 절벽을 주셔서 숨을 수 있음에 감사하였고, 사울을 죽일 수 있는 순간이 왔음에도 한 걸음 물러나서 오히려 하나님을 두려워하라고 말하였고, 자신을 도와준 사람들에 대해 감사할 줄 알았습니다.

우리도 인생의 고난 가운데 이처럼 하나님의 완전하심을 묵상합시다.

그리고 오히려 고난 앞으로 달려가서 그 담을 넘는 믿음을 가집시다.

지금 우리를 힘들게 하는 상황이 무엇입니까?

하나님께 기도하며 내어놓으십시오.

하나님이 그 완전하신 성품으로 그 기도를 받으시고 응답하실 것입니다.

시인은 이런 믿음을 가지고 고난 앞에서 담대하였을 뿐 아니라 많은 사람들 앞에서 자신의 인생에 대해 말하며 하나님의 완전하심을 자랑합니다.

> 여호와 외에 누가 하나님이며 우리 하나님 외에 누가 반석이냐(시 18:31).

이 멋진 자랑을 우리도 올려드려야 합니다.

그러기 위해 하나님의 완전하심을 계속 묵상하고 기도하십시오.

그리고 그렇게 고난 중에 믿음으로 일어서게 해 달라고 기도하십시오.

하나님은 반드시 응답하십니다.

오늘도 하나님의 완전하심에 사무쳐서 그 하나님만이 나를 도우실 수 있고 이끄실 수 있음을 선포하는 믿음의 일상이 되시길 축복합니다.

14. 완전하게 하시며

(시편 18:32-50)

하나님의 완전하심을 묵상했는데 이제 그 완전하심에 대한 시인의 반응이 나타납니다. 앞선 29절에서 적군을 향해 달려가고 담을 뛰어 넘겠노라고 결단했던 시인이 이제는 구체적으로 어떻게 그 결단을 실천하는지에 대한 내용을 말합니다.

저는 내용들을 묵상하면서 시인의 추상적이고 이론적인 신앙이 아닌 실제적인 신앙이 참 부럽고 도전이 되었습니다. 우리는 늘 아름다운 말과 글로 하나님 앞에 결단하지만 모든 에너지가 어떻게 말과 글로 멋지게 표현될 수 있는지에 쏠려 있고 실제로 구체적으로 어떻게 실천을 할지에 대해서는 그리 관심을 두지 못할 때가 많습니다.

어찌 보면 멋진 말과 아름다운 글로 우리가 생각하는

이상적인 신앙고백들을 표현함으로써 실제로 그렇지 못한 자신의 신앙을 위로하고 있는지도 모르겠습니다. 그러나 오늘 이 시인의 실제적인 신앙을 우리도 본을 받고 도전받아야 합니다.

> 이 하나님이 힘으로 내게 띠 띠우시며 내 길을 완전하게 하시며 나의 발을 암사슴 발 같게 하시며 나를 나의 높은 곳에 세우시며 내 손을 가르쳐 싸우게 하시니 내 팔이 놋 활을 당기도다(시 18:32-34).

하나님은 자기의 완전한 능력으로 시인을 붙들고 그 삶을 인도하십니다. 그렇다면 그의 삶도 완전한 삶이 될 것입니다. 그래서 그가 하루하루 일상을 살아갈 때 힘이 생깁니다. 당당하고 담대한 걸음을 걷게 됩니다.

여기서 "암사슴의 발 같게 하시며"라는 구절이 나오는데, 암사슴은 험한 산악 지대에서도 빠르게 움직이면서도 발이 튼튼한 것이 특징입니다. 그래서 암사슴의 발은 곧 왕의 발로 비유될 때가 많습니다.

시인은 자신에게 닥친 고난 가운데 이 암사슴의 발처럼 빠르고 튼튼하게 걸어갈 것이라고 말합니다. 즉, 하루

하루의 일상이 고되고 힘겨워도 믿음으로 담대하게 살아갈 것이라는 말입니다.

그래서 시인은 암사슴이 산악 지대를 빠르고 튼튼한 발로 올라가 저 높은 곳에 서서 산 아래를 내려다보듯이 하나님이 완전하심으로 자신을 고난 중에도 승리하도록 이끌어 주신다는 깊은 신뢰를 고백하고 있습니다.

그리고는 그는 암사슴의 발로 걸어갈 때 일어나는 놀라운 여러 가지 일들을 소개합니다.

첫째, "실족하지 않게 하셨나이다," "돌아서지 아니하리이다"라고 하면서 자신에 대해 말합니다.

둘째, "내 발 아래로 엎드러지리이다," "내게 굴복하게 하셨나이다," "내가 끊어 버리게 하셨나이다"라고 하면서 자신을 공격하는 악인들의 실패에 대해 말합니다.

셋째, 그 악인들이 실패하고 난 후에는 자신 앞에서 어떻게 될 것인지도 말하는데, 즉 "나를 섬기리이다," "내게 복종하리로다," "떨며 나오리로다"라고 말하면서 악인들이 결국 자신의 발 앞에 무릎 꿇을 것임을 자세히 설명합니다.

시인은 하나님이 완전하시다는 믿음이 없다면 이렇게까지 말할 수 없을 것입니다. 우리는 어떤 고난이 있을 때

나름 믿음으로 하나님께 기도하기를 "그 정도는 아니더라도 최소한 이렇게라도 해 주세요"라는 식으로 할 때가 있습니다. 이런 식으로 기도하는 이유는 우리가 하나님에 대해 '하나님은 완전하시지만 나에게는 완전하게 역사하지 않으시더라'는 의식이 있기 때문입니다. 이런 의식은 자신의 전적인 과거의 경험에 근거하여 발생합니다.

그럴 때 이러한 의식을 이겨 낼 수 있는 방법은 말씀밖에 없습니다. 우리에게 말씀을 허락하시고 성경을 주신 이유가 거기에 있습니다. 이런 의식은 큰 사역을 하고 큰 비전을 품는다고 해서 없어지지 않습니다.

생각해 보십시오.

사역도 비전도 모두 영원하지 않습니다. 그런 것들은 언제든지 중지될 수 있고 달라질 수 있고 내가 감당하지 못할 수도 있고 또 나중에 "이게 잘못된 거구나"라고 하며 후회될 수도 있습니다.

그러나 하나님의 말씀은 영원불변의 진리이므로 우리의 인생을 아무리 던져 놓아도, 우리 모든 것들을 다 쏟아 넣어도 안전합니다. 그렇게 안전할 수 있는 것은 오직 말씀밖에는 없습니다. 그래서 우리는 말씀을 붙들어야 합니다.

> 풀은 마르고 꽃은 시드나 우리 하나님의 말씀은 영원히 서리라 하라(사 40:8).

이 말씀은 이스라엘 민족이 나라의 멸망 앞에서 무엇을 붙들어야 하는지를 말하는 구절입니다.

나라가 멸망했는데 무슨 희망이 있겠습니까?

그러나 하나님이 이 귀한 말씀을 허락하셔서 그 말씀 붙들면 완전하신 하나님이 인도하시겠다고 하신 겁니다.

우리는 민수기 21장에 기록된 놋뱀 사건을 기억합니다. 이스라엘 백성들이 가나안으로 가는 중에 에돔 족속들이 살고 있는 지역 앞에 도착합니다. 그런데 에돔 족속이 자신들의 땅을 지나가는 것을 거부하니까 모세가 길을 돌아가자고 합니다.

그랬더니 이스라엘 백성들의 마음이 상했습니다. 그리고 이 먼 길을 돌아가는 것이 싫다고 하며 차라리 애굽이 더 낫다고 불평했습니다. 그런데 이 말은 하지 말았어야 합니다. 그들의 불평에 하나님은 진노하셨습니다.

그래서 하나님은 불뱀을 보내어 사람들을 물어서 죽게 하셨고, 놋으로 만든 뱀 모양, 즉 놋뱀을 높이 달아 올리게 하고 이것을 보는 사람은 살 것이라고 말씀하셨습니다. 정말 그 놋뱀을 본 사람은 살고 안 본 사람은 죽었습니다.

왜 이런 일이 벌어진 것일까요?

그들의 모든 생명이 하나님께 달려 있다는 것입니다. 생명은 놋뱀 자체에 있는 것이 아니라 하나님께 있습니다. 이처럼 우리 인간은 아무것도 할 수 없는 존재입니다. 하나님 앞에서 우리가 고집을 부리고 그 뜻을 거부할 만한 아무런 이유도 명분도 없습니다.

이처럼 우리 인간의 연약함을 아시는 하나님은 이 놋뱀처럼 우리에게 말씀을 허락하셨습니다. 즉, 불뱀처럼 악인들이 공격하고 고난이 몰려올 때 하나님의 말씀을 붙들라는 겁니다.

이것을 시인은 이미 알았습니다. 그래서 오직 하나님만 찬양하고 있습니다.

> 주께서 나를 내 원수들에게서 구조하시니 주께서 나를 대적하는 자들의 위에 나를 높이 드시고 나를 포악한 자에게서 건지시나이다 여호와여 이러므로 내가 이방 나라들 중에서 주께 감사하며 주의 이름을 찬송하리이다(시 18:48-49).

저는 이 구절 중에 "이방 나라들 중에서 주께 감사하며 주의 이름을 찬송하리이다"라는 말씀이 마음에 깊이 들어왔습니다. 다윗도 이방 나라들의 힘을 빌어서 이 어려움을 해결해 보고자 하는 노력도 있었습니다. 이 부분은 이후에 다루겠습니다. 그러나 그가 선택한 것은 오직 하나님의 말씀이었습니다. 그 말씀을 붙들고 하나님의 일하심을 주장하는 것입니다.

이렇게 시편 18편이 마무리가 됩니다. 우리는 시인이 "나의 힘이신 여호와여"라는 고백으로 시작해서 하나님을 붙드는 실제적인 삶의 고백으로 마무리되는 것을 보았습니다. 이제 이 바통이 우리에게 넘어왔습니다.

우리가 이 바통을 넘겨받았으니 시인처럼 세상의 많은 방법들이 아닌 하나님의 말씀을 붙들고 그 안에 새겨진 하나님의 마음을 본받아서 살아갑시다.

어떤 어려움이든 그 말씀이 선한 길로, 완전한 길로 인도하실 것입니다.

오늘도 믿음으로 말씀을 붙드는 하루 되시길 축복합니다.

15. 하늘의 장막을 베푸셨도다
(시편 19:1-14)

우리는 시편을 묵상해 오면서 그동안 시인이 과거의 고난 속에 하나님의 구원과 보호를 경험했고 악인들과의 전투에서 승리하였음을 보았습니다. 그리고 현현하신 하나님의 임재 속에서 그의 완전하심을 고백하였습니다.

그리고 지금 시편 19편에서는 전 우주 가운데 있는 말씀의 역사를 찬양합니다. 시인은 하나님에 대한 찬양을 이처럼 조금씩 더 크고 더 놀라운 내용으로 고백하고 있습니다.

> 하늘이 하나님의 영광을 선포하고 궁창이 그의 손으로 하신 일을 나타내는도다(시 19:1).

"하늘"은 가장 높은 곳에 대한 상징으로 그 어떤 세상의 높음보다 비교할 수 없는 하나님의 권세를 말합니다. 이 가장 높은 권세가 하나님의 영광을 선포한다고 말합니다. "선포하다"는 말은 "정확하게 계산한다"는 의미입니다. 그래서 가장 높은 권세가 하나님의 영광을 정확하게 나타낸다고 해석할 수 있습니다.

그리고 "궁창"이 나오는데 이 궁창은 대기권에 존재했던 물을 말하는데 구약에서는 이를 "궁창" 외에도 "하늘의 창"이라고 표현하고 있습니다. 노아의 홍수 때 이 궁창의 물이 쏟아진 것입니다. 그러니 시인의 고백처럼 궁창이 하나님의 뜻대로 쏟아졌다는 것입니다. 즉, 모든 피조물들이 하나님의 뜻하신 대로 아주 정확하게 움직이고 있음을 말합니다.

그리고 이어서 이렇게 피조물들이 하나님의 뜻을 정확히 알아서 일하는데 이를 나타내기 위해 마치 서로 대화하듯이, 소통하듯이 일한다고 말합니다.

> 날은 날에게 말하고 밤은 밤에게 지식을 전하니(시 19:2).

저는 이 표현이 정말 아름다우면서도 위대하다고 생각합니다. "날은 날에게 말하다"에서 "말하다"는 영어로

"pour forth speech"라고 하는데 "말씀을 바깥으로 쏟아 붓는다"는 뜻입니다. 우주에 말씀이 그냥 있거나 전달되는 정도가 아니라 터져서 쏟아지듯이 선포된다는 의미입니다.

그리고 "밤은 밤에게 지식을 전하니"에서는 이렇게 터져서 쏟아 부어지는 말씀이 하루에 끝나지 않고 밤까지 그리고 그 다음날까지 계속 이어진다는 의미입니다.

말씀에 대하여 이 얼마나 큰 개념의 의미입니까!

하나님의 말씀에 대하여 우리가 절대로 가볍게 생각하면 안 됩니다. 이 말씀이 전 우주에 가득 차서 터져 나오고 있습니다.

그래서 그 말씀이 우리에게 쏟아지는데 그 능력이 얼마나 위대하겠습니까!

그 위대한 말씀 앞에 어떻게 세상의 지식과 세상의 방법들을 가지고 와서 비교할 수 있겠습니까!

바울이 이를 알았기 때문에 세상의 것들에 대해 "배설물"로 여긴다고 고백할 수 있었습니다.

지금 시인은 자신이 고난 가운데서도 세상에 힘 있는 이방 나라와 힘 있는 사람들에 의지하지 않고 오직 말씀을 붙들었던 이유를 설명하는 것입니다.

고난을 말씀으로 이겨 본 사람은 이 시인의 고백을 묵상하며 손뼉을 치며 "아멘," "할렐루야"라고 외칠 것입니다. 시인은 오늘 우리에게도 자신처럼 그 말씀의 위대함을 붙들라고 말합니다.

> 언어도 없고 말씀도 없으며 들리는 소리도 없으나 그의 소리가 온 땅에 통하고 그의 말씀이 세상 끝까지 이르도다 하나님이 해를 위하여 하늘에 장막을 베푸셨도다 (시 19:3-4).

이 말씀이 쏟아져서 세상 끝까지 흘러갈 것입니다. 시인은 이 믿음을 가지고 반드시 그렇게 될 것이라고 확정하며 말합니다. 그리고 그 근거로 하나님은 이 말씀이 세상 끝까지 흘러가도록 "하늘에 장막"을 베푸셨다고 말합니다.

당시 애굽과 메소보다미아 지역에서 가장 큰 우상이 바로 "태양신"이었는데, "하늘의 장막을 베푸셨다"는 것은 그 태양신을 비롯한 모든 우상이 헛되고 오직 하나님만이 계시며 그 외에는 모두 피조물임을 선포합니다.

이것이 말씀의 능력입니다. 하나님이 아닌 하나님의

피조물을 신으로 섬기는 세상을 향해 진정으로 세상의 창조주가 누구인지를 보여 주신 것입니다. 이것도 말씀을 의지하는 자에게 주시는 은혜입니다. 우리가 말씀을 붙들고 고난을 헤쳐 나갈 때 하나님은 이 은혜를 베푸셔서 어떻게 우상들이 무너지고 어떻게 악인들이 패배하는지를 똑똑히 알게 하십니다.

시인은 이 승리를 경험한 사람입니다. 그리고 이제 이 승리의 깃발을 들고 다시 선포합니다.

> 여호와의 율법은 완전하여 영혼을 소성시키며 여호와의 증거는 확실하여 우둔한 자를 지혜롭게 하며 여호와의 교훈은 정직하여 마음을 기쁘게 하고 여호와의 계명은 순결하여 눈을 밝게 하시도다(시 19:7-8).

그리고 시인은 계속 말합니다.

> 여호와를 경외하는 도는 정결하여 영원까지 이르고 여호와의 법도 진실하여 다 의로우니 금 곧 많은 순금보다 더 사모할 것이며 꿀과 송이꿀보다 더 달도다 (시 19:9-10).

이 고백을 조금 바꾸어 보겠습니다.

> 사람들은 보시오.
> 하나님이 주시는 모든 것들이 우리에게는 놀라운 은혜입니다. 하나도 가벼운 것이 없고 버릴 것이 없습니다. 하나님이 주신 율법과 증거와 교훈과 계명은 모두 우리의 영혼을 살리는 큰 선물들입니다.
> 그러니 하나님이 주시는 모든 것들을 붙잡으십시오.
> 하나도 빠뜨리지 말고 다 붙잡으십시오.
> 지금 손에 쥐고 있는 금이나 은이 있다면 다 놔 버리고 하나님을 붙잡으셔야 합니다.

사람들이 돈 앞에서 변하는 것은 인간의 본성적인 악입니다. 그러나 하나님을 믿고 말씀을 붙들었는데 똑같이 돈 앞에서 변하는 것은 하나님의 말씀을 그만큼 부족하게 붙든 겁니다. 자신의 죄악과 손에 쥐고 있던 금과 은을 버리고 더욱 말씀을 붙들어야 하는데 그러지 않았던 것입니다.

그런데 시인은 그런 죄악을 짓지 않도록 기도합니다. 자신은 오히려 손에 있던 금과 은을 내려놓고 말씀을 붙들겠노라고 고백합니다.

> 자기 허물을 능히 깨달을 자 누구리요 나를 숨은 허물에서 벗어나게 하소서 또 주의 종에게 고의로 죄를 짓지 말게 하사 그 죄가 나를 주장하지 못하게 하소서 그리하면 내가 정직하여 큰 죄과에서 벗어나겠나이다 (시 19:12-13).

바울도 이와 같이 자신의 마음에 두 가지 법이 싸운다고 말하면서 "오호라 나는 곤고한 사람이로다"라고 고백했습니다. 그러나 결국 바울은 매일 찾아오는 유혹과 번뇌가 있었지만 매일 말씀을 붙들었습니다. 그래서 나중에 바울은 로마로 잡혀가기 직전에 에베소 장로들을 초청하여 이렇게 말할 수 있었습니다.

> 내가 달려갈 길과 주 예수께 받은 사명 곧 하나님의 은혜의 복음을 증언하는 일을 마치려 함에는 나의 생명조차 조금도 귀한 것으로 여기지 아니하노라 (행 20:24).

지금 시인도 다음과 같이 고백하며 시를 끝냅니다.

나의 반석이시요 나의 구속자이신 여호와여 내 입의 말과 마음의 묵상이 주님 앞에 열납되기를 원하나이다 (시 19:14).

오늘도 하루를 살며 이 말씀을 붙들고 삽시다.

그리고 하루가 끝나는 밤중에 이렇게 우리가 붙든 말씀의 흔적을 가지고 감사의 고백을 드립시다.

그리고 이 말씀의 역사가 내일도 이어지기를 기도합시다.

16. 이름을 자랑하리로다
(시편 20:1-9)

　이스라엘은 사울이 왕으로 세워진 이후로 주변의 나라들과 수없는 전쟁을 치루었습니다. 그 이유는 이스라엘의 군사력이 약하였고, 지정학적으로 이스라엘이 고대 근동 지역에 아주 중요한 위치에 있었기 때문에 강대국들이 먼저 선점하려 했기 때문입니다.

　그런데 또 하나의 이유가 있었습니다. 그것은 이스라엘은 하나님이 선택한 백성들인데 그들은 하나님을 의지하지 않고 우상을 섬기며 율법을 어기는 죄악을 지었기 때문입니다. 그래서 하나님이 전쟁을 통해 그들을 깨닫게 하시고자 인도하셨습니다.

　이런 이유들로 이스라엘의 왕들 중에는 그래도 하나님을 의지하는 선한 왕들이 있었습니다. 이들은 반복되는 전쟁 앞에서 항상 하나님께 제사를 드렸습니다. 그래서 예배를 인도할 선지자가 선한 왕들 옆에는 항상 있었습니다.

이 제사를 인도했던 대표적인 선지자가 바로 사무엘입니다. 그는 미스바에서 블레셋과의 전쟁을 앞두고 제사를 드렸습니다. 그리고 이스라엘은 큰 승리를 거두었고 이를 기념하기 위해 기념비를 세우고 이를 "에벤에셀"이라고 불렀습니다. 에벤에셀은 하나님이 도우셨다는 의미입니다.

왕이 제사를 잘못 드린 경우들도 많았습니다. 대표적으로 이스라엘의 첫 번째 왕으로 세워진 사울 왕이 그러했습니다. 전쟁을 앞두고 제사를 드려야 하는데 제사를 인도할 사무엘 선지자가 나타나지 않으니 기다리지 못하고 자신이 제사를 드렸습니다.

나중에 도착한 사무엘 선지자는 분노합니다. 하나님도 사무엘을 통해 사울 왕의 왕권이 길지 못할 것이라고 말씀하셨습니다. 이처럼 제사는 형식이 아니었고 하나님이 전쟁을 주관하시도록 하는 영적 임재의 실제였습니다.

이 시편 20편도 왕이 전쟁을 앞두고 백성들 앞에서 선언했던 내용입니다. 그만큼 하나님을 간절히 부르는 고백입니다.

> 환난 날에 여호와께서 네게 응답하시고 야곱의 하나님
> 의 이름이 너를 높이 드시며 성소에서 너를 도와 주시
> 고 시온에서 너를 붙드시며 네 모든 소제를 기억하시며
> 네 번제를 받아 주시기를 원하노라(시 20:1-3).

먼저 전쟁을 지휘할 왕에 대해서 회중들이 중보 기도를 합니다. 그 내용은 하나님의 언약을 붙들어서 왕이 준비한 제사에 하나님이 임재하여 달라는 것입니다. 그래서 "야곱의 하나님"을 언급합니다.

창세기 32장에서 야곱이 에서를 만나기 직전에 간절히 기도를 합니다. 야곱은 형인 에서가 자신을 죽일까 두려워서 하나님께 기도하면서 도와 달라고 간절히 구합니다. 그리고 천사를 만나서 붙잡고 축복해 달라 할 때 자신의 환도뼈가 부러질 정도로 거절을 당하지만 결국은 포기하지 않고 축복을 받습니다. 그 천사는 야곱을 축복하면서 이렇게 말했습니다.

> 네 이름을 다시는 야곱이라 부를 것이 아니요 이스라엘
> 이라 부를 것이니 이는 네가 하나님과 사람으로 더불어
> 겨루어 이기었음이니라(창 32:28).

그때 야곱에게 주신 하나님의 언약을 기억하면서 지금 제사를 드리는 자신들에게도 그 은혜를 허락해 주시길 간절히 구하는 것입니다.

> 네 마음의 소원대로 허락하시고 네 모든 계획을 이루어 주시기를 원하노라 우리가 너의 승리로 말미암아 개가를 부르며 우리 하나님의 이름으로 우리의 깃발을 세우리니 여호와께서 네 모든 기도를 이루어 주시기를 원하노라(시 20:4-5).

다음으로는 전쟁의 전략이 성공하도록 기도합니다. 그리고 승전보를 들고 하나님께 다시 감사의 제사를 드리게 해 달라고 요청합니다. 하나님은 이 제사에 하나님이 응답하시고 이스라엘을 그 수많은 전쟁 가운데서 승리하도록 도우셨습니다.

우리가 일상을 살면서도 많은 영적 전쟁을 합니다. 어떤 사람과 이익을 따지다가 관계에 문제가 생기고, 누군가에게 오해나 모함을 받아 상처를 받고, 하던 일들이 잘 안되어서 경제적인 어려움을 겪게 되고, 몸이 갑자기 안 좋아져 병원에서 치료를 받아야 하는 등의 많은 일들이 있는데, 이 와중에도 하나님에 대한 신뢰를 무너뜨리는 사탄의 공격은 아주 심합니다.

이런 문제들 속에 얼마나 마음을 지키기 힘든 순간들이 많겠습니까?

그래도 우리는 그 속에서 예배를 드려야 합니다. 그 예배 가운데 말씀을 듣고 기도로 간구함으로써 우리 마음을 지켜야 합니다.

어려움을 당해 본 사람은 이 와중에 마음을 지키는 일이 얼마나 힘든지를 압니다. 또 한편으로는 그렇기 때문에 기도하지 않고는, 예배하지 않고는 그 마음을 지킬 수 없다는 것도 압니다. 그래서 마음이 힘들어 눈물을 흘리면서도 예배를 드립니다.

저는 목회자로 살아오면서 교회에서 부교역자로 오랫동안 살았습니다. 그 시절에는 성도들이 교회에 대한 불만이나 담임목사님에 대한 불만이 있으면 먼저 부교역자를 찾아가서 한껏 혈기를 부리고 불평을 합니다. 그런데 저도 젊은 혈기에 그런 분들을 만날 때면 같이 화를 내었다가 같이 혈기를 부렸다가 하는 일도 많았습니다.

그런데 어느 순간 제 안에 하나님이 "예배하라"고 말씀하셨습니다. 그 사람을 만나기 전에 예배하라고 하셨습니다. 사실 누가 찾아온다고 하면 왜 찾아오는지와 무슨 말을 할지도 다 압니다. 그래서 만나기 전에 마음을 지키게 해 달라고 기도를 합니다.

그러면 기도하고 만날 때와 안 하고 만날 때가 다릅니다. 제 마음을 지킬 수 있는 힘이 거기서 나옵니다. 물론 아직도 저는 완전하지 못합니다. 하지만 이런 만남조차 영적 전쟁이라 믿고 기도하려고 합니다. 실패할 때도 있지만 포기하지 않고 기도합니다.

누군가는 이렇게 말할 수 있습니다.

"그러면 나만 힘든 거 아닌가요?

나도 사람인데 내 마음도 중요하잖아요. 기도하면 화를 내지 못하게 하실 텐데 결국 나만 손해 아닌가요?"

그런데 이 시인의 다음 고백을 보십시오.

> 여호와께서 자기에게 기름 부음 받은 자를 구원하시는 줄 이제 내가 아노니 그의 오른손의 구원하는 힘으로 그의 거룩한 하늘에서 그에게 응답하시리로다 어떤 사람은 병거, 어떤 사람은 말을 의지하나 우리는 여호와 우리 하나님의 이름을 자랑하리로다(시 20:6-7).

시인은 응답에 대한 확신이 있었습니다. 그렇게 예배하며 기도했을 때 내가 손해가 되는 것이 아니라 오히려 하나님이 이기도록 하신다는 승리의 확신이 있었습니다. 저는 오히려 질문하고 싶습니다.

"제사를 기다리지 못한 사울처럼 응답을 기다리지 못하고 달려든 것은 아닌지요?

그래 놓고 손해 보았다고 하는 건 아닌지요?"

시인도 말합니다. 그런 사람들은 결국 하나님의 일 하심을 기다리지 못하고 세상의 병거를 의지하게 된다고 말입니다. 그러나 시인은 기다릴 것이고 오히려 하나님의 이름을 의지하고 그 이름만 찬양할 것이라고 강조합니다.

시인은 하나님의 능력이 많음을 찬양하기보다 하나님의 이름을 찬양합니다. 어떤 특정한 능력에 의지하지 않고 하나님의 존재에 의지합니다. 그것이 믿음입니다. 그냥 하나님이 하실 겁니다. 하나님이 살아 계시기에 하나님이 하실 겁니다. 우리는 그것을 믿는 겁니다.

> 그들은 비틀거리며 엎드러지고 우리는 일어나 바로 서도다(시 20:8).

하나님의 일하심을 기다리지 못하는 사람은 결국 비틀거리고 엎어집니다. 그러나 하나님의 이름을 찬양하는 사람은 결국 일어나 바로 세워집니다. 하나님이 반드시 그렇게 하십니다. 이것이 우리에게 주신 약속입니다.

> 여호와여 왕을 구원하소서 우리가 부를 때에 우리에게 응답하소서(시 20:9).

시인의 마지막 고백처럼 우리의 기도가 반드시 응답될 것을 믿고 어떤 세상의 일이든지 영적 전쟁을 선포하고 먼저 기도하시기를 바랍니다.

오늘도 마음을 지켜야 할 일들이 있을 때마다 하나님의 이름을 찬양하고 하나님께 기도합시다.

그래서 그의 일하심으로 우리가 일어나서 바로 세워지는 은혜를 경험합시다.

17. 마음은 영원히 살지어다
(시편 22:12-31)

 지난 시간에 이어 계속되는 시인의 고난에 대한 묘사가 먼저는 고난의 종류에 대한 것이었다고 하면, 이제는 고난의 강도에 대한 것입니다. 그래서 그것을 "많은 황소"와 "바산의 힘센 소" 그리고 "부르짖는 사자"로 표현하며 악인들이 얼마나 악했는지를 말하고 있습니다.

 먼저 "바산의 힘센 소"라는 표현을 생각해 보겠습니다. 바산 지역이 아주 비옥한 지역이었기 때문에 황소들의 성향이 거칠어서 뿔로 공격하는 일들 많았다고 합니다. 그래서 이러한 표현은 악한 사람들의 성향을 상징하고 있습니다.

 성경에서 "악인"이라고 지칭되는 악한 사람들은 자신이 공격을 당할 때 방어하기 위한 행위, 즉 정당방위로 상대에게 피해를 주는 사람들을 말하는 것이 아니라 아무 잘못이 없는데도 먼저 공격을 해서 피해를 주는 사람들을 말합니다.

그런데 그 공격으로 인한 피해는 일반적으로 육체적인 피해나 물질적인 피해, 심적 피해들로 나눌 수 있는데, 여기에 한 가지가 더 있습니다. 바로 영적인 피해를 주는 것입니다. 그래서 악인들의 공격은 믿음의 전진을 방해하고 하나님을 향한 시선을 돌리게 만들 목적으로 피해를 주는 것을 말합니다.

이제 피해를 당한 시인은 피해의 정도를 말합니다. 자신이 물처럼 쏟아져 버렸고 뼈는 어그러졌으며 마음은 밀랍같이 녹아졌다고 합니다. 육체적인 피해와 마음의 피해를 함께 입었다고 말하는 것입니다.

그리고 더 나아가서 피해를 입은 자의 모습을 다시 묘사하는데, 여기서 예수 그리스도의 십자가 고난이 다시 연상되는 장면이 나옵니다.

> 내가 내 모든 뼈를 셀 수 있나이다 그들이 나를 주목하여 보고 내 겉옷을 나누며 속옷을 제비 뽑나이다 (시 22:17-18).

이 장면은 피해자가 아직 죽지 않았음에도 죽은 사람으로 취급하며 그의 옷을 나누어 가지는 모습입니다. 마치 악인들이 우리를 비난하면서 이미 죽은 사람인 것처럼, 또는 우리의 입장에 대한 변호의 기회를 주지 않고 이미 죄가 확정되어 죄인이 된 것처럼 말하고 조롱할 때가 있습니다.

예수님은 십자가에 못 박혔으나 여전히 죄가 없는 하나님의 아들이셨고 우리를 구원하시기 위해 이 땅에 오신 메시아이십니다.

우리는 악인들에게 이러한 고통을 당할 때 다시 십자가를 바라보며, 그리고 이 시편의 고백을 묵상하며 믿음을 붙들어야 합니다.

이제 시인은 이런 극도의 고통을 다 말하고 난 후에 다시 기도를 합니다.

> 여호와를 두려워하는 너희여 그를 찬송할지어다 야곱의 모든 자손이여 그에게 영광을 돌릴지어다 너희 이스라엘 모든 자손이여 그를 경외할지어다(시 22:23).

앞선 1절부터 11절까지 살펴볼 때, 고난을 하소연하던 시인이 결국 기도하며 하나님을 붙든 것에 관해 나누었습니다. 그리고 시인은 이번에도 다시 한 번 기도를 붙들고 나아갑니다. 그런데 이번에는 앞선 기도와 내용이 조금 다릅니다. 앞선 기도는 하나님의 도우심을 간구하는 내용이었다면 이번에는 복음을 전하는 내용입니다. 시인은 악인들을 향하여 하나님을 두려워하는 사람으로 표현하며 그들에게 하나님께 영광을 돌리고 경외하라고 말하는데 그 어조가 아주 담대하고 단호합니다.

어찌 보면 "기도"라기보다는 "선포"에 더 가깝습니다. 그렇다면 시인의 기도는 도와 달라는 간청에서 하나님을 경외하라는 선포로 변한 것인데 이것은 바로 시인의 믿음이 더욱 단단해졌으며 더욱 담대해졌다는 것을 의미합니다.

이제 우리는 기도의 힘을 다시 한 번 깨닫게 됩니다. 시인이 그 큰 고난을 겪으면서 마음의 고통과 육체의 고통을 모두 당했고 그 때문에 하나님께 탄식하고 하소연하였습니다. 그러나 결국 붙잡은 것은 하나님께 기도하는 것이었습니다. 그리고 그 기도가 반복되고 계속되니 더 단단한 믿음으로 기도하게 되었습니다.

그 결과로 악인들을 향하여 하나님을 경외하라는 놀라

운 믿음의 선포를 할 수가 있었습니다. 시인이 붙들었던 기도의 힘이 얼마나 놀라운지를 우리는 알게 됩니다.

우리가 기도를 붙들어 하나님이 응답하실 때는 우리가 상상하지 못할 일들이 일어납니다. 시인의 고백을 살펴봅시다.

> 겸손한 자는 먹고 배부를 것이며 여호와를 찾는 자는 그를 찬송할 것이라 너희 마음은 영원히 살지어다 (시 22:26).

그동안 시인이 가장 힘들어했던 고통은 무엇입니까?

바로 마음의 고통입니다. 그 고통에 대하여 "너희 마음은 영원히 살지어다"라고 선언하고 있습니다. 마음의 고통을 가한 악인들을 향해 그 마음은 유한한 마음이고 죽은 마음이니 하나님을 찬송하지 않으면 영원히 다시 회복하지 못할 것을 말합니다.

이 내용은 우리 개인의 현실에 적용해야 합니다. 하나님은 악인들의 영적 상태를 드러내셨고, 악인들을 향해 오히려 피해자인 우리를 보라고 하시며 우리처럼 하나님을 경외하라고 말합니다. 이것은 역전 중에 역전이요 승리 중에 승리입니다. 하나님이 가장 깊은 고난 중에서 가장 큰 영광을 받으십니다.

마지막으로 시인은 우리가 예배해야 하는 이유와 하나님의 응답이 영원히 계속될 것을 선포합니다.

> 세상의 모든 풍성한 자가 먹고 경배할 것이요 진토 속으로 내려가는 자 곧 자기 영혼을 살리지 못할 자도 다 그 앞에 절하리로다 후손이 그를 섬길 것이요 대대에 주를 전할 것이며 와서 그의 공의를 태어날 백성에게 전함이여 주께서 이를 행하셨다 할 것이로다(시 22:29-31).

우리가 믿어야 할 것은 하나님의 은혜가 우리를 붙들고 있는 한 우리는 결코 죽지 않는다는 약속입니다. 반면에 아무리 죽음의 문턱까지 간 고통의 상황에서도 우리는 예배하고 기도해야 합니다. 왜냐하면 그때 우리는 결코 죽지 않고 은혜를 붙들며 일어날 것이기 때문입니다.

오늘도 어떤 상황에서도 기도하는 하루가 되시길 축복합니다.

18. 여호와는 나의 목자시니

(시편 23:1-6)

시편 23편은 시인의 개인적인 신앙고백이면서도 하나님이 우리 인간을 어떻게 인도하시는지에 대한 신뢰와 감사의 고백이 함께 어우러져 있는 일종의 "감사시"입니다.

이 시편은 특별히 어떤 특정한 사건에서의 구원이나 인내에 대한 감사보다는 시인의 인생 전반에 걸쳐 하나님의 은혜가 얼마나 풍성한지를 말하고 있습니다.

여호와는 나의 목자시니 내게 부족함이 없으리로다 (시 23:1).

시인은 하나님에 대하여 "목자"라고 표현하고 있습니다. 목자는 양을 치는 사람을 말합니다. 양을 친다는 것은 양떼를 먹이고 기르고 주변의 짐승들로부터 보호해 준다는 의미입니다. 그렇다면 하나님은 목자이시고 우리는 양이며, 우리 믿는 자 모두는 양떼입니다.

그래서 목자라는 표현은 시인에게 개인적으로 목자라는 의미도 있지만 시인 외에도 많은 사람들의 목자라는 의미가 함께 포함되어 있습니다.

이것이 중요한 이유는 그다음 표현인 "부족함이 없으리로다" 때문입니다. 즉, 한 개인에게 부족함이 없다는 것을 넘어서 많은 양떼들에게도 부족함이 없다는 것이 되기 때문에 부족함이 없다는 표현이 훨씬 더 크고 넓은 의미가 됩니다.

그렇습니다. 하나님은 우리 개인을 넘어 우리 모두에게도 부족함이 없을 정도로 많은 은혜를 부어 주십니다. 이 은혜로 우리가 먹고 입고 자고 필요한 모든 것들을 공급 받으며 기도하는 모든 것들을 응답받는 것입니다.

결국 시인이 말하고자 하는 것은 바로 하나님의 은혜가 그만큼 크다는 것입니다. 본 시편이 계속 말하고 있듯이 우리를 "인도하심"과 "보호하심"과 "자라게 하심"으로 늘 무엇하나 부족함이 없도록 우리에게 은혜를 주십니다.

조금 더 구체적으로 살펴볼까요?

> 그가 나를 푸른 풀밭에 누이시며 쉴 만한 물 가로 인도하시는도다(시 23:2).

여기서 "푸른 풀밭에 누이신다"는 것은 곧 "쉼"의 개념입니다. 그래서 "쉴 만한 물가로 인도하신다"는 표현이 이어지는 것입니다. 저는 모든 은혜 중에 가장 큰 은혜이며 모든 은혜 중에 가장 나중 은혜는 바로 "쉼"이라고 생각합니다.

우리가 인생을 살면서 많은 일을 하면서 항상 생각하는 것은 쉬고 싶다는 생각이고, 한 주간 직장과 학교에 다니면서도 주말이 빨리 다가와 쉬고 싶어 하고, 고난 속에서도 어서 이 고난이 끝나서 좀 쉬고 싶어 합니다. 그리고 인생의 결국에는 반드시 "죽음"을 만나서 영원한 안식에 들어가게 됩니다.

그런데 다른 한편으로 생각해 봅시다.

만약 우리 삶에 쉼이 없다면 어떻게 될까요?

평생 쉬지 못하고 일을 해야만 하고 달력에는 주말의 개념이 없고, 고난이 일상이 되고 죽음을 만나서 천국의

쉼을 누리지 못하고 지옥의 고통을 다시 만나야 한다면 정말 생각만 해도 끔찍한 일입니다.

그래서 시인은 하나님의 은혜의 풍성함을 말하면서 그 대표적인 은혜를 말할 때 "쉼"의 은혜를 말하고 있는 것입니다.

그렇다면 "쉼"이 있을 때 어떤 일이 벌어질까요?

> 내 영혼을 소생시키시고 자기 이름을 위하여 의의 골짜기로 다닐지라도 해를 두려워하지 않을 것은 주께서 나와 함께 하심이라 주의 지팡이와 막대기가 나를 안위하시나이다(시 23:3).

지금까지 시인이 현재의 시점에서 하나님의 은혜가 크게 임할 것임을 고백했다면 이제는 미래의 시점에서 그 은혜를 말합니다.

여기서 "사망의 음침한 골짜기"는 전통적으로 이스라엘의 광야생활을 말하는데, 광야는 사막이라 아주 위험한 곳입니다. 물이 없으니 육체적, 환경적으로도 힘들 뿐만 아니라 많은 악한 사람들을 만나서 큰 위험에 처할 수도 있는 곳입니다. 그리고 이 광야는 이스라엘 문화에서는 가장 힘든 고난을 상징합니다. 그러나 본 시편은 앞으로 어떤 어려움이 다가오더라도 하나님의 은혜는 함께할 것임을 말합니다.

우리에게도 적용하자면, 우리가 지금 현재 깊은 신앙고백이 있어야만 미래에 대해서도 미리 감사하고 담대할 수 있습니다. 반면에 현재의 신앙고백이 없다면 미래에 대해 반드시 불안해하고 두려워할 것입니다. 지금은 자신이 하나님의 은혜를 고백할 수 없으면서도 나중에는 고백하게 될 것이라고 생각하는 사람은 아무도 없을 것입니다.

요즘은 미래가 불투명하고 불안하고 두려운 시대입니다. 많은 사람들이 미래에 대한 대안을 가지기 위해 노력하고 있지만 대부분 현재가 불안하기 때문에 미래에 대해서도 불안해합니다. 우리 믿는 자들은 미래의 두려움을 해결하기 위해 노력하기보다 지금 현재 우리와 함께 하시는 하나님을 깊이 묵상하고 은혜를 누려야 합니다. 그러면 미래에 대한 특별한 준비가 없어도 담대하고 평안할 수 있습니다.

그러면 현재 우리가 평안과 담대함을 가지려면 어떻게 해야 할까요?

반대로 과거의 경험으로 돌아가면 됩니다. 과거에 주신 하나님의 은혜를 붙들고 묵상하며 기도할 때 지금의 우리 두려운 마음이 평안으로 바뀝니다.

주께서 내 원수의 목전에서 내게 상을 차려 주시고 기름을 내 머리에 부으셨으니 내 잔이 넘치나이다(시 23:5).

시인도 과거에 원수에게 죽을 뻔한 상황에서 하나님의 은혜로 구원을 받고, 도망 중에도 결국 왕으로 기름 부음을 받은 사실에 대해 말합니다. 이것이 시인이 1절에서 하나님을 자신의 목자로 고백하게 된 믿음의 뿌리입니다.

이렇게 과거와 현재와 미래에 대한 우리의 고백이 은혜로 터져 나올 때, 이제 나의 평생 동안 하나님의 영광과 그 이름에 대한 가치를 인정하고 살고자 하는 결단도 고백될 수 있습니다.

평생에 선하심과 인자하심이 반드시 나를 따르리니 내가 여호와의 집에 영원히 살리로다(시 23:6).

이 얼마나 아름다운 고백입니까?

지금 현실이 너무 어렵고 두렵고 지친 사람들이 있다면 가장 먼저 과거에 주신 하나님의 은혜를 계속 붙드십시오.

지금 현재의 상황에서도 은혜의 고백이 터져 나올 때까지 그 은혜를 붙드십시오.

그리고 그다음에는 미래의 상황에 대해 안심하고 평안해지도록 과거와 현재의 은혜를 붙드십시오.

신앙생활은 바로 그런 것입니다. 그렇게 인생에 주어진 은혜가 있을 때 그것을 붙들고 살아가는 것입니다.

오늘도 우리 평생에 선하심과 인자하심으로 은혜를 베푸시는 하나님을 묵상하며 그 영광에 대한 목마름과 그 이름에 대한 가치를 회복시키고 우리 영혼의 목자 되신 하나님의 손을 붙드는 하루 되시길 축복합니다.

19. 성실과 정직으로 나를 보호하소서
(시편 25:1-22)

 시편을 묵상하면서 한 가지 눈여겨보게 되는 점은 시인이 고난 중에 믿음으로 승리를 말하는 내용들이 나오는데 이 고백들에는 한결같이 깊은 확신과 담대함이 가득 넘치고 있다는 점입니다.

 시인은 때때로 고난과 고통에 대한 두려움을 말하지만, 읽는 우리에게는 그 두려움이 전혀 느껴지지 않습니다. 오히려 두려움을 말하는데 우리는 믿음의 확신으로 읽혀지는 겁니다. 이것이 너무 큰 도전이 되고 은혜가 됩니다.

 이 시편 25편도 그렇습니다. 한편으로는 원수에게 수치를 당하지 않게 해 달라는 간절한 요청인 듯 하지만 우리에게는 이것이 이미 승리한 이후에 담대하게 과거의 일을 말하는 듯한 평안함이 느껴집니다.

시인의 기도를 먼저 살펴보겠습니다.

> 여호와여 나의 영혼이 주를 우러러보나이다 나의 하나님이여 내가 주께 의지하였사오니 나를 부끄럽지 않게 하시고 나의 원수들이 나를 이겨 개가를 부르지 못하게 하소서 주를 바라는 자들은 수치를 당하지 아니하려니와 까닭 없이 속이는 자들은 수치를 당하리이다 (시 25:1-3).

이 기도에서 "원수"는 마치 영화에서 아주 악독한 악당의 두목을 생각하게 만듭니다. 생각만 해도 두렵고 당장 무슨 일이 일어나지 않았지만 그 수치를 당할 것이 상상이 되어 잠시도 평안할 수 없는 듯한 두려움에 가득 찬 내용입니다.

그러나 이 두려움이 곧 담대한 확신 가운데 고백되었음을 금방 알게 됩니다.

> 주의 진리로 나를 지도하시고 교훈하소서 주는 내 구원의 하나님이시니 내가 종일 주를 기다리나이다 여호와여 주의 긍휼하심과 인자하심이 영원부터 있었사오니

주여 이것들을 기억하옵소서(시 25:4-5).

우리가 어떤 두려움에 휩싸여 있을 때를 생각해 봅시다.

그럴 때는 하나님을 찾지만 속으로는 과연 기적이 일어날지 의심합니다. 그리고 하나님께 기도할 때 이루어 주지 않으시면 하나님을 원망할 것이라는 전제를 가지고 기도합니다. 이것이 두려움에 휩싸인 사람의 기도입니다.

그런데 시인은 어떻게 기도합니까?

진리를 말합니다. 그 진리로 자신을 지도하고 교훈하도록 기도합니다. 그리고 종일 주를 기다린다고 말합니다. 이것은 도저히 두려움에 휩싸인 사람의 기도라고 볼 수가 없습니다.

어떻게 이 와중에 진리로 자신을 가르치실 것을 말하며 종일 기다린다고 말할 수 있단 말입니까?

하나님에 대해 왠만한 신뢰를 가지고는 이렇게 기도할 수 없습니다. 그리고 시인은 이렇게 기도하는 이유 중에 하나를 말하는데, 즉 이 기도의 내용이 반드시 응답될 것임을 믿는 믿음이 있는 것입니다.

> 여호와여 나의 죄악이 크오니 주의 이름으로 말미암아 사하소서 여호와를 경외하는 자 누구냐 그가 택할 길을 그에게 가르치시리로다(시 25:11-12).

시인은 원수로부터 수치를 당하지 않기를 바라지만 그의 기도는 그 수치 당함에 대한 두려움에 집중하지 않고 이 고난을 하나님이 그 진리대로 정직하고 성실하게 시인을 인도하실 것이라는 믿음에 집중하고 있습니다.

그러니까 위의 구절에서처럼 고난 앞에서도 담대하게 "여호와를 경외할 자가 누구냐"고 반문할 수 있는 겁니다.

성경에는 많은 전쟁의 역사가 기록되어 있는데 대부분 불리한 상황에서의 전쟁이었습니다. 그리고 그 전쟁 앞에 서 있는 믿음의 왕들과 장군들은 하나같이 자신과 자기 나라가 하나님의 주권 가운데 있어 결국 하나님이 이 전쟁을 이끄심을 선포합니다.

여리고 성을 돌던 여호수아가 그랬고, 기드온이 밤중에 항아리 속에 횃불을 숨겨 적군 앞으로 나아갔을 때도 그랬고, 다윗이 골리앗 앞에 섰을 때도 그랬고, 여호사밧의 군대가 성가대를 앞세웠을 때도 그랬습니다. 심지어 우리 예수님이 체포되어 고문을 당하며 대제사장과 빌라도 앞에 섰을 때도 그랬습니다.

그들은 어떻게 그렇게 담대할 수가 있었을까요?

> 여호와의 친밀하심이 그를 경외하는 자들에게 있음이여 그의 언약을 그들에게 보이시리로다(시 25:14).

여기서 시인이 그 비결을 말합니다. 즉, 자신이 얼마나 하나님과 깊은 교제를 나누었는지를 말합니다. 그리고 시인은 하나님의 언약 가운데 하나님과 아주 친밀한 교제가 있었음을 말합니다. 다시 말해서 어떤 문제가 있을 때만 하나님을 찾은 것이 아니고 늘 하나님과 친밀한 교제를 가져왔다는 겁니다.

잠시 적용해 본다면 공동체 안에서 서로에 대한 신뢰를 확인할 때가 있습니다. 바로 누군가가 이간질하고 누군가가 거짓 소문을 내고 누군가가 모함을 하려고 할 때입니다. 이럴 때 서로 간의 신뢰가 없다면 그런 이야기를 들었을 때 순식간에 신뢰가 무너지고 그 말을 믿어 버립니다. 그리고 분노하고 원수 삼고 판단하고 정죄합니다.

그러나 평소에 그 끈끈한 신뢰가 있는 관계라면 다릅

니다. 누군가가 잘못된 이야기를 할 때 흔들리지 않습니다. 오히려 그런 나쁜 이야기를 한 사람 입장에서 보면 자신의 이야기를 통해 공동체가 서로를 얼마나 신뢰하는지가 드러나게 되어서 당황하게 됩니다. 평소에 그런 교제가 있었기 때문에 가능한 일입니다.

시인도 하나님과 그런 친밀한 관계를 늘 가지고 있었고 그래서 이처럼 담대할 수가 있었습니다. 그리고 이제 그 속마음을 구체적으로 드러냅니다. 마치 원수 앞에 서 있는 믿음의 장군같이 그 마음을 선포합니다.

> 내 눈이 항상 여호와를 바라봄은 내 발을 그물에서 벗어나게 하실 것임이로다(시 25:15).

이제 시인과 하나님의 이 담대한 신뢰의 관계가 확인되었습니다. 그는 하나님과 교제하되 "항상" 교제했다고 말합니다. 그래서 그는 고난 중에도 하나님이 건지실 것을 믿을 수 있는 것입니다. 우리가 고난 중에 두려워하는 이유는 하나님과의 이 친밀한 교제가 없기 때문입니다.

이 시편을 통해 우리는 하나님과 항상 교제하는 것을 지금이라도 시작해야 합니다. 아무리 성경이 진리라고 해도 그 진리가 내 안에 친숙하게 묵상하지 않으면 고난이 왔을 때 속수무책으로 두려움에 떨게 될 것입니다.

우리는 생각하기를 하나님이 살아 계시고 성경의 약속이 진리이기 때문에 내가 인생을 살면서 늘 평안할 수 있다고 생각합니다. 그러나 이것은 큰 착각입니다. 성경의 진리로써 그 하나님과 교제해야 합니다.

하나님의 존재와 성경이 진리라는 것을 저 먼발치에서 인정하는 것으로만 우리 신앙생활을 다 했다고 착각하지 않기를 바랍니다. 그 하나님이 내 안에 어떤 일을 행하시고 어떤 말씀을 주시는지를 성경을 통해 하나하나 발견해 나가고 내 믿음의 반석으로 삼는 묵상을 해야 합니다.

그래서 시인처럼 이 마지막 고백을 담대하게 말할 수 있습니다.

> 내가 주를 바라오니 성실과 정직으로 나를 보호하소서
> 하나님이여 이스라엘을 그 모든 환난에서 속량하소서
> (시 25:21-22).

이제 더 이상 미루지 말고 말씀을 붙들고 기도의 단을 세우시기 바랍니다. 이것 외에 하나님과 친밀한 교제를

나누는 방법은 없습니다. 더 이상 유명한 목사님의 설교와 옆에 있는 사람이 받은 은혜, 나를 위해 기도해 준다는 사람들의 말에 만족하지 말고 내가 하나님과 교제하는 시간을 묵상의 시간과 기도의 시간을 통해 가지시기 바랍니다.

그래서 오늘도 이 믿음이 내 인생에 반석이 되는 놀라운 은혜가 있기길 축복합니다.

20. 내가 누구를 두려워하리요
(시편 27:1-6)

우리는 어떤 힘든 고난이나 해결해야 할 현실을 앞두고 하나님께 기도할 때가 있습니다. 그때 우리의 믿음이 드러납니다. 믿음의 확신으로 기도하든지, 아니면 의문과 두려움으로 기도하든지 할 것입니다.

그중에 믿음의 확신으로 기도하는 사람들의 고백이 바로 시편의 이야기입니다. 그리고 그 고백들은 몇 가지 공통적인 특징이 있습니다. 그들은 다가올 고난이나 현실에 대해 "영적 전쟁"으로 선포하며 "이미 승리"한 것처럼 말합니다. 그리고 두려워하며 하나님의 일하심을 의심하기보다 담대하여 하나님의 일하심을 자랑합니다.

특별히 시편에서는 시인들이 "누구를 두려워하리요," "하나님을 두려워하지 않는 자가 누구냐" 등의 질문을 통해 마치 어두운 세력들과 악인들과 고난의 현실 앞에 보란 듯이 말합니다.

우리는 이 믿음을 사모하고 이 믿음을 달라고 기도해야 합니다. 특별히 시편을 묵상하면서 이 믿음이 나의 믿음이 되고 이 담대한 고백들이 나의 고백이 되게 해 달라고 기도해야 합니다. 그 사모함을 가지라고 시편을 우리에게 허락하신 것입니다.

시편 27편은 담대한 반문을 던지며 시작합니다.

> 여호와는 나의 빛이요 나의 구원이시니 내가 누구를 두려워하리요 여호와는 내 생명의 능력이시니 내가 누구를 무서워하리요(시 27:1).

우리가 흔히 두려움이 가득한 상황에서 기도하게 되면 자신의 두려움을 하소연하게 됩니다. 물론 그런 우리의 연약한 기도를 하나님이 반드시 들으시고 역사하십니다. 그러나 인생에 이런 일들을 많이 겪고 우리의 믿음이 자라면서 조금씩 달라질 것입니다.

두려운 마음보다는 믿음으로 자신이 얼마나 하나님을 신뢰하고 있는지를 말할 것입니다. 저도 믿음이 연약할 때는 힘든 일이 있을 때마다 불평의 기도를 했었습니다.

나에게 이런 일이 일어난 이유를 묻고 따지고 불평했습니다. 그리고 무조건 해결해 달라고 했고 해결해 주지 않으면 하나님을 원망할 것이고 배신할 것이며 떠날 것이라고 협박하듯이 기도했습니다.

그런데 저는 목회자로 살며 조금씩 믿음이 담대해지니까 기도가 조금 달라졌습니다. 왜냐하면 그동안 수많은 어려움이 있었지만 하나님이 어떻게 일하시는지와 결국 저를 붙들어 주신다는 것을 경험하면서 하나님에 대한 깊은 신뢰가 생겼기 때문입니다.

그러니 기도할 때 지금의 현실이 어렵고 다가올 고난이 걱정되지만 저는 여전히 하나님을 신뢰하고 있음을 고백하게 됩니다. 그리고 마음에 평안을 더욱 풍성히 주시길 기도합니다.

> 악인들이 내 살을 먹으려고 내게로 왔으나 나의 대적들, 나의 원수들인 그들은 실족하여 넘어졌도다 군대가 나를 대적하여 진 칠지라도 내 마음이 두렵지 아니하며 전쟁이 일어나 나를 치려 할지라도 나는 여전히 태연하리로다(시 27:2-3).

시인은 이처럼 아직은 결론이 나지 않았지만 이미 승리한 것처럼 고백합니다. 이것이 그의 믿음입니다. 하나님이 그렇게 하실 것임을 정말 믿는 겁니다.

한 가지 더 살펴볼 것은 승리할 것을 믿는 것에 더해서 아주 구체적으로 승리의 모습을 말하고 있습니다. "내 살을 먹으려고"라는 표현과 "실족하여 넘어졌도다"라는 표현은 악인들의 전쟁 전후의 모습을 말하고 있고, "여전히 태연하리로다"라는 것은 승리한 시인의 모습을 말하고 있습니다. 그러고 보면 시인은 승리 중에서도 완전한 대승을 말하고 있습니다.

그러니 "태연"이라는 말이 나오고 "실족"이라는 말도 나오는 것입니다. 우리가 하나님의 일하심을 믿을 때 그렇게 믿어야 합니다. 하나님의 승리는 겨우 승리하는 것이 아니라 완전한 승리입니다.

그렇다면 시인의 이런 믿음은 어디서 나왔을까요?

우리는 다음 구절에서 그 근원을 찾을 수 있습니다.

> 내가 여호와께 바라는 한 가지 일 그것을 구하리니 곧 내가 내 평생에 여호와의 집에 살면서 여호와의 아름다움을 바라보며 그의 성전에서 사모하는 그것이라(시 27:4).

믿음이란 참 신비합니다. 믿음을 가지면 가질수록 이 땅에서의 현실적인 승리보다도 우리가 하늘나라에서 하나님을 만나게 되는 그 영광을 더 큰 승리로 생각하고 믿는 것입니다. 그래서 성경을 보면, 우리의 본향은 하늘나라이고, 이 땅에서는 오직 나그네로 살며 잠시 살다가 천국 가는 것을 소망하는 고백들이 많습니다.

그리고 그 하늘나라의 소망을 품은 사람들은 이 현실에서의 일들에 큰 관심이 없습니다. 내가 조금 피해를 입어도, 내가 조금 고난을 당해도 그것으로 인생이 실패한 것처럼 집착하거나 힘들어하지 않습니다.

오히려 더 큰 하늘의 소망을 고백하며 이 땅에서의 일들을 믿음으로 덮어 버립니다. 더 신기한 것은 그렇게 정말 믿고 고백하는 사람들의 인생을 보면 정말 하나님이 이 땅에서도 승리하는 일들을 허락하시고 그렇게 축복하십니다. 이것이 신비입니다.

시인은 계속해서 고백합니다.

> 여호와께서 환난 날에 나를 그의 초막 속에 비밀히 지키시고 그의 장막 은밀한 곳에 나를 숨기시며 높은 바위 위에 두시리로다(시 27:5).

이 고백은 이 땅에서의 고난에 불평하지 않고 하늘 소망만 바라보고 살았는데 어느덧 뒤돌아보니 이 땅에서의 고난 중에서도 하나님이 자신을 지키시고 숨기시며 보호하신 것을 알게 되어 감사하는 장면 같습니다.

이제 그 감사의 고백이 최고조에 이릅니다.

> 이제 내 머리가 나를 둘러싼 내 원수 위에 들리리니 내가 그의 장막에서 즐거운 제사를 드리겠고 노래하며 여호와를 찬송하리로다(시 27:6).

이 고백은 마치 하늘나라에서 하나님 품에 안겨 있는 것 같습니다. 그리고 그 하나님의 나라에서 하나님께 예배하고 찬양하는 것으로 말하는데, 아직은 이 땅에 살지만 마치 이미 하늘나라에 사는 사람의 고백을 보는 것 같습니다.

얼마나 감사합니까?

이것이 우리 믿는 자의 고백입니다. 하늘 소망을 품은 사람의 고백입니다. 우리도 이런 고백을 가지고 세상을 살아가야 합니다.

우리도 세상의 많은 일들 속에 혹여나 어려움을 겪고

산다 할지라도 영적 전쟁을 선포하고 이미 승리했다고 고백합시다.

그리고 하늘 소망으로 살고, 마치 하늘나라에서 이미 살고 있는 것처럼 고백하며 삽시다.

오늘도 이 믿음을 가지고 그 소망 품으며 사시길 축복합니다.

제3부

삶의 은혜로 위로하시는 하나님

1. 화평을 말하나 마음에는 악독이 있나이다 (시편 28:1-9)
2. 그의 이름에 합당한 영광을 돌리며 (시편 29:1-10)
3. 저녁에는 울음이 깃들일지라도 아침에는 기쁨이 오리로다 (시편 30:1-12)
4. 나와 싸우는 자와 싸우소서 (시편 35:1-18)
5. 주의 공의대로 나를 판단하사 (시편 35:19-28)
6. 생명의 원천이 주께 있사오니 (시편 36:1-12)
7. 나의 소망은 주께 있나이다 (시편 39:1-13)
8. 내가 여호와를 기다리고 기다렸더니 (시편 40:1-10)
9. 주의 긍휼을 내게서 거두지 마소서 (시편 40:11-17)
10. 친구의 배신 (시편 41:1-13)

1. 화평을 말하나 마음에는 악독이 있나이다
(시편 28:1-9)

시편 28편은 두 부분으로 나눌 수 있는데 전반부는 하나님의 도움을 간절히 구하는 기도이고 후반부는 하나님의 은혜에 대한 감사의 고백으로 구성되어 있습니다. 그런데 그 중간에 아주 특별한 내용이 들어 있습니다.

바로 악인에 대한 어떤 성질을 분석하고 있는 부분인데, 이 내용은 지금 이 시편을 읽는 우리에게 "죄"의 특수한 성질을 알게 해 주면서 이 죄의 성질이 우리 모든 인간 행실에서 아주 보편적으로 나타남을 보여 줍니다.

먼저 1-2절부터 살펴보겠습니다.

여호와여 내가 주께 부르짖으오니 나의 반석이여 내게 귀를 막지 마소서 주께서 내게 잠잠하시면 내가 무덤에 내려가는 자와 같을까 하나이다 내가 주의 지성소를 향하여 나의 손을 들고 주께 부르짖을 때에 나의 간구하는 소리를 들으소서(시 28:1-2).

하나님의 도우심을 간절히 구하는 시인의 이 기도는 시편의 여러 군데에서 자주 등장하고 있습니다. 그런데 그 간구들이 모두 비슷한 것 같지만 서로 많이 다릅니다. 왜냐하면 도우심을 구하는 구체적인 표현이 너무나도 다양하기 때문입니다.

여기서도 "귀를 막지 마소서"라는 표현과 "내가 무덤에 내려가는 자와 같을까 하나이다"라는 표현은 시인의 간구가 얼마나 간절한지를 나타내 주면서도 하나님에 대한 그의 의지함이 어느 정도인지도 함께 보여 줍니다.

우리가 이런 시편의 고백을 묵상하면서 꼭 기억해야 할 것은 이 시편이야말로 "간구"라는 것이 어떤 것인지를 너무나도 많고 다양한 표현들로 알려 준다는 점입니다.

어쩌면 우리의 간구는 하나님 입장에서 볼 때 하나님밖에 도움이 없다는 마음의 간구라기보다는 안 들어주시면 하나님을 원망할 것이라는 협박에 가깝거나 "그리 아니하실지라도"보다는 "아니면 말고" 식의 형식적인 것일 수도 있음을 알아야 합니다.

적어도 시인은 기도한 바가 성취되지 않으면 하나님을 원망할 것이라고 말하지 않고 무덤에 내려가는 자와 같을 것이라고 말함으로써 이 문제의 해결은 오직 하나님께 있음을 고백하고 있습니다.

3절에서는 악인에 대한 특별한 성질을 말하는데 이 부분이 오늘 본문 중에서 가장 깊이 묵상되는 부분입니다.

> 악인과 악을 행하는 자들과 함께 나를 끌어내지 마옵소서 그들은 그 이웃에게 화평을 말하나 그들의 마음에는 악독이 있나이다(시 28:3).

시인이 말하는 악인의 특별한 성질은 이웃에게는 화평을 말하지만 그 마음에는 악독이 가득 차 있는 것입니다. 쉽게 말하면, "뒷담화"라는 개념을 생각해 볼 수 있는 대목입니다.

뒷담화는 당사자가 있을 때에는 그에 대해서 좋은 말을 하고 친한 척을 하지만 막상 그가 없을 때는 다른 사람들과 그에 대해서 험담하는 것을 말합니다. 이런 일들은 지금도 우리의 현실에 너무나도 많이 일어나는 일입니다.

심지어 "뒷담화를 안 하는 사람이 세상에 어디 있을까" 하는 생각이 들 정도로 너무나도 일반화되어 있어 문제입니다. 어떤 사람들은 이런 뒷담화를 즐기며 뒷담화를 통해 어떤 성취감을 얻고 즐거워하기도 합니다.

대부분 믿음의 공동체 안에서 관계에 문제가 생기는 경우들 중에 가장 흔한 경우가 이 뒷담화 때문에 일어나는 불신의 문제입니다.

그런데 오늘 본문에서 시인은 이런 사람을 향해 "악인"이라고 말하고 있음에 주목해야 합니다. 그만큼 뒷담화는 악인을 대표하는 아주 악한 특징임을 말합니다. 우리는 이것을 묵상하면서 우리가 생각하는 것 이상으로 이 문제를 심각하게 보아야 합니다.

시인은 이런 악인의 특별한 성질에 대해 용서보다는 단호하게 정죄와 심판을 말합니다. 다음 구절을 보겠습니다.

> 그들이 하는 일과 그들의 행위가 악한 대로 갚으시며 그들의 손이 지은 대로 그들에게 갚아 그 마땅히 받을 것으로 그들에게 갚으소서 그들은 여호와께서 행하신 일과 손으로 지으신 것을 생각하지 아니하므로 여호와께서

그들을 파괴하고 건설하지 아니하시리로다(시 28:4-5).

시인은 악인에게 그 행한 대로 갚아 달라고 간구합니다. 성경에서 어떤 잘못에 대해 긍휼을 구하지 않고 심판을 구할 때는 그 죄의 성질이 그만큼 크다는 것을 말해 줍니다. 그러니까 지금도 그 죄는 그만큼 크다는 것을 말합니다. 시인이 이를 "악인"이라고 말하는 데는 이런 이유가 있었던 것입니다.

여기서 우리가 인생을 살면서 얼마나 많은 "뒷담화"를 하고 있는지 한번 살펴봅시다.

부득이하게 어떤 일을 해결하기 위해 어떤 이에 대해서 말할 수밖에 없는 경우가 있습니다. 또 그 사람을 진정 걱정하는 마음으로 어떤 방도를 찾으려고 그럴 수도 있습니다.

그러나 단지 가십거리로 말하거나, 그 사람을 부끄럽게 하기 위하여 말하거나, 그 사람을 미워해서 어떤 피해를 주려고 말하는 것은 아주 조심해야 합니다. 성경에서도 이런 경우를 다음과 같이 다루고 있습니다.

> 나는 너희에게 이르노니 형제에게 노하는 자마다 심판을 받게 되고 형제를 대하여 라가라 하는 자는 공회에 잡혀가게 되고 미련한 놈이라 하는 자는 지옥 불에 들어가게 되리라(마 5:22).

여기서 "라가"라는 말은 아람어로 "미련한 자"라는 뜻을 가진 말인데 흔히 욕할 때 쓰는 말입니다. 즉, 어떤 사람에게 욕할 때나 다른 사람들과 모인 자리에서 어떤 사람을 욕할 때를 쓰는 말입니다. 물론 그 욕의 내용도 조금 따져보아야 하겠지만 욕설 자체에 큰 무게를 두고 말하는 것임에 틀림없습니다.

성경은 그 사람을 사랑하고 긍휼히 여기는 마음으로 화를 내거나 야단을 치는 것에 대해 훈계라고 하는 반면, 미움과 시기의 마음으로 욕을 하는 것에 대해서는 비난과 뒷담화의 개념으로 말하고 있습니다. 그러면서 훈계가 아닌 비난은 악인들의 특징이라고 단호하게 말합니다. 우리가 분명히 이 부분을 진지하게 생각하고 고쳐 나가야 합니다. 이 시편을 통해 결단하고 기도해야 합니다.

시인은 이런 단호한 심판의 요청을 한 후 다시 하나님께 대한 감사를 고백합니다. 그리고 마지막으로 의인들에 대한 하나님의 은혜를 구하며 이 시편을 마무리 합니다.

> 주의 백성을 구원하시며 주의 산업에 복을 주시고 또 그들의 목자가 되시어 영원토록 그들을 인도하소서 (시 28:9).

우리는 마지막 절에 표현되는 주의 백성이지 악인들이 아닙니다. 그럼에도 악인들과 같은 마음을 품고 그들과 같이 뒷담화를 한다면 지금이라도 이 말씀 안에서 하나님께 용서를 구하고 돌이켜 고쳐야 합니다.

하나님이 이 뒷담화를 얼마나 싫어하시는지를 알게 되었으니 우리 마음에 깊은 은혜를 구하며 미움과 시기와 원수로 삼은 사람들을 다시 품게 해 달라고 기도합시다.

그래야 우리가 하나님의 백성으로 하나님의 복을 누리며 살 수 있습니다.

오늘도 하나님이 주신 마음을 본받아 시기와 질투와 원수지려는 마음 버리고 사랑과 긍휼의 마음으로 살아가시길 축복합니다.

2. 그의 이름에 합당한 영광을 돌리며
(시편 29:1-10)

 시편 29편은 하나님의 권능을 찬양하면서 동시에 우상에 대한 경고를 말합니다. 시인은 하나님을 특별히 찬양하면서 오직 하나님이라는 믿음의 고백을 드리면서 동시에 우상이 헛됨을 말하며 하나님을 더욱 찬양합니다.

> 너희 권능 있는 자들아 영광과 능력을 여호와께 돌리고 돌릴지어다(시 29:1).

 시인은 당시에 많은 사람들이 각기 다양한 우상들을 신으로 경배하고 있음에 대하여 경고하고자 합니다. 그래서 "너희 권능 있는 자들아"라고 말하는데, 이는 수많은 우상의 신들을 의미합니다. 시인은 그 신들에게 말하기를, 우상에게 올리는 모든 경배를 하나님께 돌리라고 합니다.

물론 우상의 신들은 실제로 존재하지 않습니다. 그래서 더욱 헛된 경배입니다. 그런데 지금 시인이 그 신들을 마치 인정하는 것으로 보일 수 있으나 사실은 그렇지 않습니다. 우상의 신들을 인정하는 의미에서가 아니라 오히려 우상의 헛됨을 더욱 강조하기 위한 표현으로 이해해야 합니다.

우리는 인생에서 많은 우상들을 만나게 됩니다. 왜냐하면 헛된 우상을 섬기는 사람들이 그만큼 많기 때문입니다.

그럴 때 우리가 그 우상들 앞에서 어떻게 해야 할까요?

지금 시인의 이 선포가 곧 우리의 선포여야 합니다. 우상들 앞에서 담대히 우상들의 헛됨을 선언해야 하고 하나님을 경배하라고 말하는 시인처럼 하나님의 위대함을 선포해야 합니다.

> 여호와께 그의 이름에 합당한 영광을 돌리며 거룩한 옷을 입고 여호와께 예배할지어다(시 29:2).

이번에는 마치 우상의 신들을 예배자로 표현하고 있습니다.

당시의 우상들은 대부분 자연의 형상들이었습니다. 출

애굽에서도 열 가지 재앙이 나오는데, 사실 모두 애굽 사람들이 섬기던 우상들의 형상이었고 하나님은 그 우상의 형상이 얼마나 헛된 것들인지, 하나님이 진노하실 때 진노의 도구일 뿐임을 역으로 보여 준 것입니다.

그때의 우상들 중에 자연의 형상들이 많았습니다. 바로 나일강, 개구리, 이, 파리, 우박, 메뚜기 등 이런 하나님의 피조물들을 오히려 신으로 섬기고 경배하는 일들이 많았습니다. 시인은 이에 대하여 이런 우상으로 섬김 받는 피조물들은 결코 신이 아니요 하나님이 창조하신 것에 불과하기 때문에 그것들도 하나님을 경배해야 하는 존재라고 말합니다.

성경에는 피조물이 하나님을 경배하는 것에 대한 언급들이 나옵니다.

> 내가 너희에게 말하노니 만일 이 사람들이 침묵하면 돌들이 소리 지르리라 하시니라(눅 19:40).

하나님은 우리 사람들이 하나님을 찬양하지 않으면 돌들이 하나님을 찬양하게 하십니다.

우리 주변의 우상들이 무엇인지 한번 돌아보십시오.

지금은 우상이 진화하여 더 다양한 우상들이 있습니다. 그런데 그것들은 당장은 너무나도 필요한 것들입니다. 돈과 명예와 권력과 멋진 집과 차와 옷과 맛있는 음식과 즐거운 스포츠와 재밌는 유흥과 핸드폰과 게임과 외모와 능력과 스펙과 좋은 직장과 학교도 있습니다.

이런 것들을 가지기 위해 우리 하나님께 경배하는 마음을 빼앗기고 우선순위를 양보하는 일들이 얼마나 많습니까!

시인은 이런 우상들에 대하여 하나의 피조물이며 하나님을 예배해야 할 존재로 다시 정의를 내린 후에 이제 그 찬양하는 소리에 대하여 말합니다.

> 여호와의 소리가 물 위에 있도다 영광의 하나님이 우렛소리를 내시니 여호와는 많은 물 위에 계시도다 여호와의 소리가 힘 있음이여 여호와의 소리가 위엄차도다 여호와의 소리가 백향목을 꺾으심이여 여호와께서 레바논 백향목을 꺾어 부수시도다(시 29:3-5).

여기서 "찬양하는 소리"라는 표현이 무려 7번이 등장하는데 그 이유는 당시의 우상들은 어떤 소리를 가지고 있는 것들이 많았습니다. 특별히 가나안 지역에서는 폭풍과 하늘의 번개가 대표적이었습니다. 사람들은 그 엄청난 소리들을 우상의 신들의 소리로 생각하였습니다.

그래서 시인은 그 많은 소리들도 하나님 앞에서는 찬양하는 소리가 아니라면 역시 헛된 것임을 설명하며 하나님께서 임재하실 때 그보다 더 큰 소리로 나타나심을 밝히고, 자연 만물의 소리를 신의 소리로 여기는 인간의 무지함을 비판하고 있습니다.

시인은 진정한 신의 소리는 하나님이 역사하실 때의 소리인데 그 소리가 마치 화염을 가르고 그 진동이 가데스 광야를 진동시킨다고 표현하면서 더욱 자연의 소리는 그저 하나님의 임재의 현상에 나타나는 소리 앞에 아무것도 아님을 강조합니다.

이제 그 우상의 헛됨에 대한 표현이 정점에 달합니다.

> 여호와의 소리가 암사슴을 낙태하게 하시고 삼림을 말갛게 벗기시니 그의 성전에서 그의 모든 것들이 말하기를 영광이라 하도다 여호와께서 홍수 때에 좌정하셨음이여 여호와께서 영원하도록 왕으로 좌정하시도다 (시 29:9-10).

여기서 시인은 피조물들을 우상으로 경배하는 것을 무색하게 하듯이 피조물에 불과한 우상을 상징하는 암사슴과 삼림을 말하면서 그것들이 각각 낙태하게 되고 말갛게 벗겨진다고 말합니다. 즉, 우상들의 헛됨과 하나님이 그것을 무너뜨리실 것임을 말합니다.

우리가 우상을 섬길 때 그 존재의 헛됨을 넘어서 하나님이 그 우상을 무너뜨리십니다. 애굽의 우상처럼, 우리가 하나님보다 더 중요하게 생각하고 의지하는 것들, 즉 우상의 형상을 하나님이 무너뜨리십니다. 그래서 하나님은 우리가 그 우상에 의지하며 즐기고 누렸던 쾌락들이 모두 사라지고 결국 하나님 앞에서 부끄럽도록 만드십니다.

우리는 지금 내 손에 쥐고 있는 우상들을 즉시 내려놓아야 합니다. 필요 이상으로 우리 신앙의 우선순위를 양보하면서까지 쥐고 있는 것들을 우상으로 우리는 내려놓아야 합니다. 그래서 우리가 다시 하나님의 백성의 자리로 돌아가야 합니다.

> 여호와께서 자기 백성에게 힘을 주심이여 여호와께서 자기 백성에게 평강의 복을 주시리로다(시 29:11).

결국 다시 돌아와 하나님의 백성으로 살 때 우상들이 주었던 헛된 쾌락과는 비교할 수 없는 평강의 복을 누리게 될 것입니다. 이것을 믿어야 합니다.

오늘도 많은 우상의 유혹들 앞에 서게 될 텐데 그런 우상 앞에서 오히려 하나님의 위대하심을 찬양하고, 잠시의 쾌락보다 영원하신 하나님의 평강의 복을 더욱 사모하며 살아가시길 축복합니다.

3. 저녁에는 울음이 깃들일지라도 아침에는 기쁨이 오리로다(시편 30:1-12)

시편에서는 특별히 감사의 고백이 많이 나옵니다. 왜냐하면 반석 위에 세워진 믿음은 반드시 감사로 열매를 맺기 때문이고 감사의 마음이 생기면 저절로 찬양하게 되기 때문입니다. 그래서 이 감사의 마음을 노래한 내용이 많은 것입니다.

그리고 감사의 시를 살펴보면 대부분 다음과 같은 공통적인 주제가 순서대로 나옵니다. 바로 확신, 인내, 찬양, 감사입니다. 이 주제들을 묵상하면 할수록 정말 이런 과정들이 지금 우리 신앙에도 절묘하게 적용됩니다.

우리가 신앙생활을 하며 가장 먼저 신경 써야 할 것은 믿음의 확신입니다. 이것이 무너지면 인내할 수도 없고 찬양할 수 없고 감사는 더더욱 할 수 없습니다. 그래서 믿음의 확신을 세우는 일이 가장 중요합니다.

지금 시인도 먼저 믿음의 확신을 고백하는데 이를 위해 과거의 어떤 경험들을 기억하며 그것을 근거로 믿음을 세우고자 합니다.

> 여호와여 내가 주를 높일 것은 주께서 나를 끌어내사 내 원수로 하여금 나로 말미암아 기뻐하지 못하게 하심이니이다 여호와 내 하나님이여 내가 주께 부르짖으매 나를 고치셨나이다(시 30:1-2).

과거에 원수들로부터 지켜 주셨던 은혜를 말하고 있는데 이것은 육적인 현실의 어려움에 도움을 주신 것을 말합니다. 그리고 계속해서 이번에는 영적인 회복을 주셨던 경험을 기억합니다.

> 여호와여 주께서 내 영혼을 스올에서 끌어내어 나를 살리사 무덤으로 내려가지 아니하게 하셨나이다(시 30:3).

시인의 영혼은 한때 깊은 어두움 속을 헤매고 있었습니다. 스올과 무덤이라는 표현이 이를 말해 주고 있습니다. 시인은 하나님이 시인 자신을 스올과 같은 깊은 어두움에서 건져내셨는데 만약 건져 주지 않으셨다면 무덤까지 내려갔을 것이라 말합니다. 즉, 영혼이 죽음에 이르게 되었을 것을 의미합니다.

그렇게 믿음을 세운 시인은 확신에 찬 목소리로 외치며 선포합니다.

> 주의 성도들아 여호와를 찬송하며 그의 거룩함을 기억하며 감사하라(시 30:4).

우리도 믿음이 흔들릴 때 과거의 육적인 도우심과 영적인 회복의 경험들을 기억하고 지금의 어려움과 미래의 어려움에 대하여 담대한 믿음을 세워야 합니다. 이 확신 없이 인내하려고 기다리면 가차 없이 넘어질 것이고, 찬양한 후에 곧바로 낙담할 것이며, 감사보다는 불평과 원망이 입에서 떠나지 않을 것입니다.

이 믿음을 세우고 나면 누가 뭐라고 하지 않아도 하나님의 일하심을 기다릴 수 있는 인내력을 가지게 됩니다. 당장은 눈물이 나는 슬픔에 빠져 있다 할지라도 입을 꽉 깨물고 그래도 하나님이 역사하실 것을 기다립니다. 믿음이 있기 때문입니다.

> 그의 노염은 잠깐이요 그의 은총은 평생이로다 저녁에는 울음이 깃들일지라도 아침에는 기쁨이 오리로다 (시 30:5).

여기서 이 위대한 고백이 터져 나옵니다. 이 구절을 몇 번이고 반복해서 읽고 묵상해 보십시오.

시인이 당장 얼마나 어렵고 힘든 상황이었지가 느껴지면서도 동시에 정말 믿음 없이는 고백할 수 없는 내용임을 알게 됩니다.

이스라엘은 낮과 밤이 우리와 다릅니다. 그들은 저녁이 되면서 하루가 시작됩니다. 그래서 아침이 있고 저녁이 있는 게 아니라 저녁이 있고 아침이 있게 됩니다. 창세기 1장에서 창조의 이야기를 보면 처음에 세상은 아무것도 없는 어두움 자체였습니다.

> 흑암이 깊음 위에 있고(창 1:2).

그러다 하나님은 빛을 만드셨고 세상이 빛으로 밝아졌습니다. 이것이 성경이 말하는 하나님이 일하시는 섭리입니다. 어두움에 빛을 주시고 고통에 평화를 주시는 분이 하나님이십니다.

이런 의미에서 창세기 1장에서 "저녁이 되고 아침이 되니"라는 표현이 자주 나오는 것입니다. 일본의 미우라 아야코의 유명한 소설인 『저녁이 있고 아침이 있고』라는 제목도 이 때문에 지어진 것입니다.

그래서 이 구절을 해설할 때 하루의 시작이 울음으로 시작될지라도 하루의 끝은 기쁨으로 끝날 것이라고 해석할 수 있게 됩니다.

우리는 이런 하나님의 섭리에 대한 믿음으로 아침이 되기를 기다릴 수 있습니다. 아니 아침이 되면 반드시 이 어두움에 빛이 다시 비출 것입니다. 그래서 어두움 속에도 아침이 되기를 기다릴 수 있습니다. 이것이 인내의 비밀입니다.

시인은 이제 인내하며 하나님의 일하심을 기다립니다. 그러나 그냥 기다리지 않고 찬양하며 기다립니다. 시인은 아침에 떠오를 태양을 기대하며 미리 찬양하며 선포하는 것입니다.

> 내가 무덤에 내려갈 때에 나의 피가 무슨 유익이 있으리요 진토가 어떻게 주를 찬송하며 주의 진리를 선포하

리이까 여호와여 들으시고 내게 은혜를 베푸소서 여호와여 나를 돕는 자가 되소서 하였나이다(시 30:9-10).

시인은 이 찬양에서 하나님의 섭리를 고백합니다. 하나님이 약속하신 그 아침을 기대할 때, "믿으니까 놀아야지"가 아니라 "믿으니까 찬양해야지" 하면서 계속 하나님을 찬양합니다.

믿는다고 하면서 "믿으니 놀아야지" 하고 믿음을 자랑하려는 사람들이 있는데, 이는 아주 어리석은 것입니다. 정말 믿음의 확신이 있는 사람들은 오히려 믿으니까 찬양합니다.

정말 믿으십니까?

믿어 보시면 찬양할 수밖에 없을 겁니다. 저는 단호히 권면드립니다. 믿는다면서도 찬양하지 않는 것은 믿지 못함을 반증하는 것입니다. 찬양하지 않는 것은 그저 믿고 싶은 상태일 뿐입니다. 즉, 아직은 믿지 못하겠는데 믿어 보려고 노력하고 있다는 것입니다. 그래서 믿음을 가지려고 아직 노력 중이기에 인내와 찬양은 적용될 수 없는 것입니다.

시인의 믿음은 이미 감사로 나아갑니다. 그는 찬양 중

에 하나님이 자신의 슬픔을 상징하는 베옷을 벗기시고 기쁨으로 띠를 띠우실 것임을 노래합니다. 그리고 감사의 고백을 드디어 올려드립니다.

> 이는 잠잠하지 아니하고 내 영광으로 주를 찬송하게 하심이니 여호와 나의 하나님이여 내가 주께 영원히 감사하리이다(시 30:12).

어떻게 우리가 믿고 찬양하면서 잠잠할 수 있습니까?

외치고 선포하고 기뻐할 것입니다. 그리고 감사할 것입니다.

이렇게 사는 것이 믿음의 인생이요 신앙생활입니다. 인생에는 참으로 힘이 들고 어려운 일이 많습니다. 이것은 누구에게나 마찬가지고 저 하늘나라 본향에 가기 전까지는 그렇게 살 수밖에 없습니다.

성경은 그런 우리의 인생을 나그네라고 말합니다. 그러니 이 세상에 살면서 잠시 찾아오는 어두움의 일들에 마음을 빼앗기지 말고 믿음을 세우고 인내하며 찬양하며 결국 감사의 열매를 올려드리며 살아가시길 축복합니다.

4. 나와 싸우는 자와 싸우소서

(시편 35:1-18)

시편 35편에 대한 두 가지 견해가 있습니다.

첫째, 다윗이 사울에게 쫓겨 다닐 때에 쓴 시라는 견해입니다.

둘째, 다윗이 왕이 된 후에 동맹이었던 이방 국가로부터 군사적 위협을 당할 때 쓴 시라는 견해입니다.

그중에 둘째 경우가 적절하게 여겨집니다. 본 시편의 주된 내용은 이방 국가의 군사적 위협에서도 하나님을 의지하며 도움을 요청하는 내용입니다. 그런데 다윗의 간구에는 두 가지 극과 극의 모습이 나타납니다.

첫째, 다윗이 원수를 향한 적의를 드러내고 이를 하나님께 강한 어투로 피력합니다.

그러면서 하나님이 대신 싸워 주시길 간구합니다. 그 표현들이 아주 구체적입니다. 그만큼 원수를 향해 갖는 적의의 깊이를 알 수 있는 대목입니다.

> 여호와여 나와 다투는 자와 다투시고 나와 싸우는 자와 싸우소서 방패와 손 방패를 잡으시고 일어나 나를 도우소서 창을 빼사 나를 쫓는 자의 길을 막으시고 또 내 영혼에게 나는 네 구원이라 이르소서 내 생명을 찾는 자들이 부끄러워 수치를 당하게 하시며 나를 상해하려 하는 자들이 물러가 낭패를 당하게 하소서 그들을 바람 앞에 겨와 같게 하시고 여호와의 천사가 그들을 몰아내게 하소서(시 35:1-5).

둘째, 이와는 대조적으로 원수들을 위해 금식하는 모습이 나옵니다.

다윗은 원수들이 병이 들었을 때 자신은 굵은 베옷을 입고 금식하며 기도했다고 말합니다. 그리고 그 축복의 기도가 원수들의 믿음 없음으로 오히려 다윗 자신을 더 복되게 하는 통로가 되었다고 말합니다.

> 나는 그들이 병 들었을 때에 굵은 베 옷을 입으며 금식하여 내 영혼을 괴롭게 하였더니 내 기도가 내 품으로

> 돌아왔도다 내가 나의 친구와 형제에게 행함 같이 그들에게 행하였으며 내가 몸을 굽히고 슬퍼하기를 어머니를 곡함 같이 하였도다(시 35:13-14).

이런 다윗의 기도는 신약에서 예수님의 가르침을 생각나게 합니다.

> 또 그 집에 들어가면서 평안하기를 빌라 그 집이 이에 합당하면 너희 빈 평안이 거기 임할 것이요 만일 합당하지 아니하면 그 평안이 너희에게 돌아올 것이니라(마 10:12-13).

구약 시대에 이런 평안을 비는 모습을 찾아보기는 힘듭니다. 그만큼 다윗과 하나님의 관계가 얼마나 깊었는지를 알 수 있습니다.

다윗의 이런 모습을 보면서 우리가 묵상해야 할 것은 바로 다윗의 시선입니다. 다윗은 하나님이 자신의 고난을 해결할 능력이 없다고 생각하지 않았습니다. 오히려 그 크신 하나님이 알지 못하는 계획 가운데 침묵하고 계신다고 믿었습니다. 그래서 그 침묵을 깨고 도와 달라고 간절히 기도했습니다.

> 주여 어느 때까지 관망하시려 하나이까 내 영혼을 저 멸망자에게서 구원하시며 내 유일한 것을 사자들에게서 건지소서(시 35:17).

다윗은 두 가지 믿음이 있었습니다.

첫째, 다윗은 하나님의 능력을 믿었습니다.

다윗이 원수지려는 마음으로 하나님께 대신 싸워 달라고 한 것은 그의 어려운 상황을 말해 주고 있습니다.

힘도 없고 불리한 상황에서 절벽 끝까지 내몰리는 상황에 그 누가 원수지려는 마음을 품지 않을 수 있겠습니까?

다윗은 하나님의 능력을 믿었습니다. 원수보다 더 크신 하나님의 능력을 믿었기에 대신 싸워 달라고 말할 수 있었습니다.

우리는 세상에서 힘센 사람들을 만나며 살아갑니다. 힘 있는 사람들을 만났을 때 우리는 그 힘 앞에 두려워할지도 모릅니다. 그리고 조금이라도 그 힘을 빌어 도움을 받으려고 합니다. 문제는 그 두려움 때문에 하나님을 의지하는 마음을 버릴 수 있습니다.

하나님은 힘 있는 사람이나 세상보다 더 크고 위대하십니다. 이것을 날마다 묵상하지 않으면 우리는 세상에 굴복할 것입니다. 그만큼 우리는 약하고 죄가 많습니다.

날마다 하나님의 능력을 묵상하십시오.

날마다 하나님의 크심을 말씀 안에서 찾으십시오.

둘째, 다윗은 하나님을 두려워했습니다.

다윗은 이방 국가와 동맹하기로 조약을 맺었습니다. 고대 국가들은 서로 간의 이 조약을 국제법으로서 준수했습니다. 만약 이 조약을 따르지 않는다면 주변의 모든 나라들이 연합하여 국제법상 불법을 행한 나라를 공격하여 혼을 내었습니다.

그런데 다윗과 조약을 맺은 국가는 이를 지키지 않았습니다. 오히려 다윗은 그 조약대로 상대방의 어려움을 위해 굵은 베옷을 입고 금식하며 기도했습니다. 아마 군사적 위협이 있으니 물질이나 다른 것으로 돕지는 못했을 것입니다. 그래서 기도한 것입니다. 다윗은 이 조약을 하나님과의 약속처럼 지켰습니다.

우리는 세상에서 많은 약속을 하며 살아갑니다. 믿음의 사람은 세상에서의 약속을 가볍게 생각하지 않습니다. 원수들은 부정하고 불법을 행하여도 우리 믿는 자는 의롭고 정직해야 합니다. 우리가 원수들의 핍박 가운데 고통을 당하고 억울해하며 분노하여 하나님께 원수를 갚아 달라고 기도할 때도 있지만, 돌아서서 말씀을 묵상하며 기도할 때 그들을 위해 기도하라는 음성을 주시면 무릎을 꿇고 기도할 줄 알아야 합니다.

세상에서 정직하게 살아가십시오. 날마다 순종과 정직의 열매를 하나님께 드리면서 기도하십시오.

그런 삶이 먼저 드려질 때 우리의 기도가 하늘문을 열게 될 것입니다.

하나님은 우리를 사랑하십니다. 우리가 원수에게 고통 당할 때 우리 하나님은 피난처가 되시고 구원자가 되십니다. 그래서 우리는 고난 가운데서도 하나님께 기도할 수 있습니다. 지금도 하나님은 우리의 고통을 아시고 함께 아파하시며 구원의 손길을 내미십니다.

하나님을 의지하십시오.

내가 대회 중에서 주께 감사하며 많은 백성 중에서 주를 찬송하리이다(시 35:18).

여기서 "대회"라는 단어는 "총회"라는 뜻입니다. 총회는 곧 지금의 예배라고 할 수 있습니다. 그래서 이 구절은 큰 총회 가운데 주께 감사한다는 의미로서 당시에 다윗이 예배 중에 이 고백을 하고 있음을 알려 주는 대목입니다.

우리는 어려움을 당할 때 하나님을 예배해야 합니다. 어려울수록 하나님을 만나는 시간을 가져야 합니다. 그것이 어려움을 이겨 내는 유일한 길입니다.

하나님은 원수보다 우리를 바라보십니다. 어린아이가 아버지에게 가서 원수에게 맞아 다친 상처를 보이며 말합니다. "저 원수를 보세요. 저 원수를 혼내주세요"라고 말할 때 아버지의 시선은 원수를 향하기보다 아이의 다친 상처를 바라봅니다. 하나님도 원수를 먼저 보지 않으십니다. 왜냐하면 창조주 하나님은 원수도 손아귀에 넣고 말씀으로 통치하시기 때문입니다. 그래서 원수를 심판하는 것보다 자기의 자녀가 먼저 치료받기를 원하십니다.

그러니 우리도 하나님께 시선을 맞추어야 합니다.

이 믿음의 시선을 간절히 구합시다.

우리도 원수를 바라보지 말고 하나님을 바라봅시다.

그래서 하나님과 시선을 맞추며 삽시다.

이것이 다윗의 믿음이었고 오늘날 우리의 믿음이어야 합니다.

5. 주의 공의대로 나를 판단하사
(시편 35:19-28)

악한 자들은 경건한 자들에 대하여 경계하고 공격합니다. 그렇지 않다면 경건한 자를 통하여 어떤 이익을 얻으려 합니다. 여기서 죄의 특성을 알 수 있는데, 죄는 절대로 의와 함께 할 수 없습니다. 의도 죄와 함께 못하지만 죄도 의와 같이 있지 못합니다. 이 둘은 마치 물과 기름 같아서 하나가 될 수 없습니다.

악한 자의 태도가 나열되고 있습니다.

> 부당하게 나의 원수 된 자가 나로 말미암아 기뻐하지 못하게 하시며 까닭 없이 나를 미워하는 자들이 서로 눈짓하지 못하게 하소서(시 35:19).

여기에서 "눈짓하지 마소서"라는 표현은 "음모"를 꾸

미지 않게 해 달라는 것입니다. 이 음모에는 어떤 이유나 명분이 없습니다. 그냥 싫어서 음모를 꾸미는 겁니다. 죄와 의는 이처럼 만나려야 만날 수 없는 관계입니다.

우리도 까닭 없이 사람이 미울 때가 있습니다. 이 때문에 관계가 깨어지고 공동체가 깨어지기도 합니다. 그럴 때 우리는 우리의 죄악에 대하여 회개해야 합니다. 이 죄악을 회개하지 않으면 우리도 음모를 꾸미게 됩니다. 음모를 꾸며서 그 사람의 슬픔을 보며 기뻐하게 됩니다. 나는 그런 사람이 아니라고 생각하지만 죄악이 들어올 때 회개하지 않으면 우리도 그렇게 됩니다.

음모의 주요 수단은 "거짓말"입니다.

> 무릇 그들은 화평을 말하지 아니하고 오히려 평안히 땅에 사는 자들을 거짓말로 모략하며 또 그들이 나를 향하여 입을 크게 벌리고 하하 우리가 목격하였다 하나이다(시 35:20-21).

음모라는 것은 상대방에게 어떤 피해를 주려고 억지로 상황을 만들어 내는 것을 말합니다. 그래서 음모를 꾸미려면 거짓된 상황이 필요합니다. 그래서 음모를 꾸밀 때 거짓과 함께 의로운 마음을 버리게 됩니다. 버리는 것으로 끝나지 않습니다. 버린 것이 점점 후회되지 않고 어느덧 음모를 통한 기쁨이 더 크게 됩니다. 그래서 거짓을 말하면서도 기뻐할 수 있는 것입니다.

내 안에 죄악이 들어오면 의가 반응합니다. 먼저는 양심에서 반응하고, 그다음에는 말씀이 기억나게 되고, 마지막으로는 하나님이 우리의 마음에 역사하사 감동시키십니다. 그래서 우리는 늘 양심에 민감해야 하고, 말씀을 붙들어야 하고, 하나님을 사모해야 합니다. 그래야 우리 마음을 지켜 낼 수 있습니다.

이제부터 시인은 이 음모와 부딪히는 자신의 의에 대해 말합니다.

> 여호와 나의 하나님이여 주의 공의대로 나를 판단하사 그들이 나로 말미암아 기뻐하지 못하게 하소서 (시 35:24).

이 고백은 시인이 교만하여 스스로를 높이며 자랑하려고 말한 것이 아닙니다. 그 이유는 다음과 같습니다.

첫째, "공의대로"라는 말에 있습니다.

공의는 공평한 도리를 말합니다. 공평이라는 말은 시인도 상대방에게 음모를 꾸미거나 거짓을 말하는 경우에 함께 징벌을 받겠다는 의미가 됩니다. 하나님은 항상 악의 모습을 비추어 드러내실 때 의로운 빛을 비추십니다. 그런 하나님의 마음을 너무도 잘 알고 있는 시인이 그 의를 하나님께 요청한 것입니다.

둘째, "그들이 나로 말미암아 기뻐하지 못하게 하소서"라는 대목입니다.

이 말은 악인의 패배를 의미하는데, 곧 의로운 빛을 비추어서 악인을 패배하도록 이끄시는 하나님의 섭리를 말하고 있습니다.

우리도 죄악에 비출 의를 가지고 있어야 합니다. 우리의 의는 오직 하나님 나라를 향한 소망이고 거룩함을 추구하는 삶입니다. 비록 완전할 수 없지만 매일 일상에서 치열하게 싸워 나가는 영적 전쟁이 바로 그 의의 흔적입니다. 그 흔적만으로도 하나님은 사용하시고 그 빛으로 세상을 비추십니다.

본 시편의 전반부에서, 시인인 다윗은 상대 이방 국가가 협약을 어겼어도 그 상대 국가가 어려울 때 기도해 주었습니다. 그 다윗의 모습이 지금 후반부에서는 의로운 빛으로 비춰지고 있는 것입니다.

반면, 우리는 상대방의 음모와 거짓에 분노하며 화를 내지만 그들에게 비출 의가 없을 때가 있습니다. 예를 들어, 우리가 세상 사람들의 거짓을 보며 비난할 때 사람들이 우리의 그 비난에 호응하지 않습니다. 왜냐하면 우리에게 의가 무엇인지를 보여 줄 삶의 흔적이 없기 때문입니다. 늘 비판하지만 존경은 받지 못하고, 늘 불평하지만 대안은 갖지 못하기 때문입니다. 참 딱한 형편입니다.

시인은 이제 의로움의 빛이 승리할 것을 기대합니다.

> 나의 의를 즐거워하는 자들이 기꺼이 노래 부르고 즐거워하게 하시며 그의 종의 평안함을 기뻐하시는 여호와는 위대하시다 하는 말을 그들이 항상 말하게 하소서 (시 35:27).

시인이 원하는 의로움의 승리는 바로 의로운 자들이 승리의 노래를 부르며 하나님의 위대하심을 찬양하게 되는 것입니다. 흔히 우리가 고난 속에 기도할 때, 당장의 고난이 고통스럽지만 결국 이 고난이 간증이 되게 해 달라고 기도하는 것과도 비슷합니다.

6. 생명의 원천이 주께 있사오니

(시편 36:1-12)

그의 눈에는 하나님을 두려워하는 빛이 없다하니
(시 36:1).

이 구절은 악인의 눈을 설명하고 있습니다. 악인의 눈은 하나님을 두려워하는 빛이 없습니다. 사실 죄는 하나님을 향한 두려움의 여부에 스스로 민감합니다. 더 쉽게 말하면 하나님을 향한 두려움을 가장 싫어합니다. 그런데 악인은 그런 두려움이 없으니 죄가 악인을 좋아하는 것입니다.

하나님에 대한 두려움이 없는 악인은 누구일까요?

마치 사사기 시대에 죄악이 가득했던 이스라엘의 영적 상황을 생각나게 합니다. 그들은 하나님을 자신들의 욕심을 채워 주는 우상처럼 섬겼습니다. 우상들은 마치 주문을 외우면 말을 들어주듯이 인간의 욕심을 채워 주는 것으로 여겨졌습니다.

그러나 사실 죄는 이런 우상 앞에 선포하는 주문보다는 하나님을 향한 거룩한 두려움에 민감해야 합니다. "예수 이름으로 물러가라"라는 선포가 우리의 주문이 되어 버리면 죄는 절대 우리에게서 떠나지 않고 그 자리에 있습니다. 그러나 주문이 아닌 거룩한 두려움의 눈을 가진 우리 믿는 자의 고백이라면 죄는 떠나가고 무너지게 됩니다. 왜냐하면 죄의 유일한 천적이 하나님이시기 때문입니다.

> 그가 스스로 자랑하기를 자기의 죄악은 드러나지 아니하고 미워함을 받지도 아니하리라 함이로다(시 36:2).

이제 그 거룩한 두려움이 없으면 어떤 일이 일어나는지를 구체적으로 말합니다.

첫째, 자기의 죄악은 드러나지 않는다고 믿게 됩니다.

자신의 죄를 발견하지만 괜찮을 거라고 스스로 믿게 되는 것입니다.

둘째, 자기의 죄악은 미움을 받지 않는다고 착각하고 스스로 위로합니다.

심지어 하나님은 나를 사랑하시니까 죄를 지어도 미워하지 않으실 거라고 생각해 버립니다.

여기서 우리가 반드시 알아야 할 죄의 특징은 하나님을 가리는 것이 아니라 자기의 눈을 가린다는 것입니다. 때문에 절대 이 죄의 속삭임에 속아서는 안 되고 이런 유혹을 이겨 내는 것이 바로 하나님께 대한 거룩한 두려움임을 알아야 합니다.

그렇다면 성경에서는 이 거룩한 두려움이 어떻게 설명될까요?

바로 "경외함"으로 설명됩니다. 경외하다는 말은 한자로 "**敬**"(공경 경), "**畏**"(두려워할 외)를 사용합니다. 더 깊은 뜻은 너무 공경하게 되면 어떤 두려움도 함께 느껴진다는 것입니다. 하나님께 대한 거룩한 두려움을 그렇게 표현한 것이지요.

빌립보서에 바울은 거룩한 두려움에 대해 다음과 같이 설명합니다.

> 그러므로 나의 사랑하는 자들아 너희가 나 있을 때뿐 아니라 더욱 지금 나 없을 때에도 항상 복종하여 두렵고 떨림으로 너희 구원을 이루라(빌 2:12).

그리고 여기서 말하는 두려움과 떨림의 이유를 바로 앞 절에서 설명하고 있습니다.

> 모든 입으로 예수 그리스도를 주라 시인하여 하나님 아버지께 영광을 돌리게 하셨느니라(빌 2:11).

이처럼 하나님의 영광을 위한 사모함이 너무 간절하면 그 영광을 돌리지 못할 것에 대한 두려움이 생깁니다. 그리고 그 영광에 대한 간절함의 근원은 바로 하나님을 향한 사랑입니다.

> 너희 안에서 행하시는 이는 하나님이시니 자기의 기쁘신 뜻을 위하여 너희에게 소원을 두고 행하게 하시나니 모든 일을 원망과 시비가 없이 하라(빌 2:13-14).

더 나아가서는 하나님을 향한 사랑이 원천이므로 그 사랑의 원천을 사람들 앞에서 드러내라는 요청인 것입니다.

제가 교회에서 사역기관을 처음 총괄하게 되었을 때를 생각해 보면, 처음에는 저를 임명한 분이 담임목사님이라 생각했습니다. 그랬더니 어떻게든 담임목사님의 뜻이 잘 반영되도록 해야겠다는 생각이 들었고 인정받으려는 마음이 커졌습니다. 그래서 소속된 지체들에게 담임목사님의 지시를 전달하며 복종할 것을 외쳤습니다.

그런데 시간이 지나고 말씀에 은혜를 받으면서 저를 그 자리에 세우신 분이 하나님이라는 생각이 들었습니다. 그랬더니 그동안 인정받기 위해 휘둘렀던 칼을 거두고 사랑하는 마음으로 그들을 대할 수 있었습니다.

오늘 시인도 자신을 세우신 하나님을 고백합니다.

> 진실로 생명의 원천이 주께 있사오니 주의 빛 안에서 우리가 빛을 보리이다 주를 아는 자들에게 주의 인자하심을 계속 베푸시며 마음이 정직한 자에게 주의 공의를 베푸소서(시 36:9-10).

여기서 시인의 두 가지 요청이 나옵니다.

첫째, 주를 아는 자에게 주의 인자하심을 계속 베풀어 달라는 것입니다.

둘째, 마음이 정직한 자에게 주의 공의를 베풀어 달라는 것입니다.

우리도 처음 믿을 때는 하나님의 사랑을 경험하며 기뻐하게 됩니다. 그러나 그후에 하나님의 공의를 알게 되면서 그 공의 앞에 두려운 마음이 생깁니다. 그때는 아직 하나님의 사랑보다 공의 자체의 냉정함만 보이기 때문입니다. 그러나 다시 더 깊이 들어가서 공의를 품으신 하나님이 우리를 사랑으로 견인하시는 것을 발견하면, 다시 "아멘"을 외칩니다. 그때 우리는 시인처럼 기뻐하며 "할렐루야"를 외칠수 있는 것입니다.

시인은 지금 여기까지 와 있습니다. 그래서 정직한 자에게 공의를 베풀어 달라고 담대히 요청하고 있습니다. 우리도 하나님께 그렇게 구해야 합니다. 악한 사람과 악한 일들이 많은 시대에 담대하게 공의의 하나님을 외쳐야 합니다. 그리고 우리를 끝까지 포기하지 않으시고 인도하시는 견인의 은혜를 누려야 합니다.

오늘도 우리의 생명의 원천이 하나님께 있고 그 하나님이 우리를 얼마나 사랑으로 인도하시는지를 묵상하며 감격하는 시간이 되시길 축복합니다.

7. 나의 소망은 주께 있나이다
(시편 39:1-13)

시편에 흐르는 기도의 내용에는 공통점이 있습니다. 악인을 향하여 대적하며 심판을 요구하는 내용이 많고 공의의 하나님 앞에 자신의 죄를 회개하는 내용이 많습니다. 대충 넘어가는 기도가 없고 한결같이 정확한 목적이 있습니다.

이처럼 기도는 정확한 목적이 있어야 합니다. 나의 뜻으로 시작될지라도 하나님 뜻으로 결론이 나야 합니다. 나의 뜻이 아닌 먼저 그의 나라를 구하는 마음이 있어야 합니다. 하나님의 뜻을 구하는 것이 본질적인 목적이 되어야 합니다.

시편 39편은 시인인 다윗의 노년에 쓰인 시입니다. 자신의 젊은 시절 고난 앞에 하나님을 원망한 것을 회개하는 내용입니다.

> 내가 말하기를 나의 행위를 조심하여 내 혀로 범죄하지
> 아니하리니 악인이 내 앞에 있을 때에 내가 내 입에 재
> 갈을 먹이리라 하였도다 내가 잠잠하여 선한 말도 하지
> 아니하니 나의 근심이 더 심하도다(시 39:1-2).

우리도 과거의 잘못을 생각할 때 부끄러움을 느낍니다. 그러나 더 부끄러울 때는 회개를 안 하고 지나간 것이 생각날 때입니다. 내가 교만했던 것에 대한 부끄러움이 밀려오게 됩니다. 우리가 교만할 때는 내 인생의 의미를 하나님의 뜻보다 더 중요하게 생각하게 됩니다. 그래서 내 인생에 고난이 왔을 때 이를 하나님을 오해하고 원망합니다.

시인도 그랬던 적이 있었습니다. 그러나 하나님이 그의 마음을 부끄럽게 하시고 뜨겁게 하셨습니다. 우리는 이런 다윗의 고백을 묵상하며 기도할 때 교만 중에도 돌이킬 회개의 마음을 얻게 된다는 교훈을 얻게 됩니다.

> 주께서 나의 날을 한 뼘 길이만큼 되게 하시매 나의 일
> 생이 주 앞에는 없는 것 같사오니 사람은 그가 든든히
> 서 있는 때에도 진실로 모두가 허사뿐이니이다 진실로

> 각 사람은 그림자 같이 다니고 헛된 일로 소란하며 재물을 쌓으나 누가 거둘는지 알지 못하나이다(시 39:5-6).

"나의 날을 한 뼘 길이만큼 되게 하시며"라는 표현이 나오는데 "한 뼘"은 히브리 문화에서 가장 작은 단위의 치수입니다. 나의 인생을 생각하면 정말 크고 멋진 인생이었는데 하나님이 볼 때는 정말 작은 인생이라는 의미입니다.

나를 보니 정말 크게 보였지만 하나님이 보시니 내가 얼마나 작아 보이겠습니까?

세상 사람들은 자신의 인생이 언제나 성공과 승리로 잘 될 줄 압니다. 그러나 하나님을 바라보는 우리는 하나님 없는 성공과 승리가 헛되게 보입니다. 이때 우리는 비로소 하나님이 나의 유일한 소망임을 발견하게 되지요. 마치 집에 침입한 강도들을 주인으로 여기다가 진짜 주인을 보게 된 경우와도 같습니다.

> 주여 이제 내가 무엇을 바라리요 나의 소망은 주께 있나이다(시 39:7).

여기서 기독교의 본질이 드러납니다. 기독교는 나를 드러내고 자랑하며 내 것을 얻어 내는 종교가 아니라 오히려 나를 부인하고 예수를 자랑하며 내 것을 내어놓는 종교입니다. 시인이 이 본질을 얼마나 잘 붙들고 있는지를 알 수 있는 대목입니다. 시인은 이러한 본질 가운데 자신의 작음을 알고 하나님의 크심을 알게 되었습니다. 그리고 다음과 같이 고백합니다.

> 주께서 죄악을 책망하사 사람을 징계하실 때에 그 영화를 좀먹음 같이 소멸하게 하시니 참으로 인생이란 모두 헛될 뿐이니이다(시 39:11).

우리 인간이 세운 영화는 하나님이 좀먹듯이 소멸시켜 버립니다. 하나님 없는 성공은 모래 위에 지은 집이고 현대의 바벨탑과 같습니다. 하나님의 허락을 구하는 것이 진정한 성공임을 알아야 합니다. 지금 시인은 진심으로 하나님의 크심을 깨닫게 되었고 이제 자신에게 징벌까지 내려 달라고 기도합니다. 그만큼 하나님을 크게 신뢰하고 있는 것입니다.

> 주의 징벌을 나에게서 옮기소서 주의 손이 치심으로 내가 쇠망하였나이다(시 39:10).

불안한 기도와 평안한 기도의 차이가 있습니다. 불안한 기도는 징벌에 대한 두려움을 가지게 하지만 평안한 기도는 징벌조차 기쁨으로 여기게 됩니다. 시인은 지금 평안한 기도를 드리고 있습니다.

오늘 우리의 기도에 적용해 봅시다.

인생들의 성공을 바라보며 불안해하지 않게 해 달라고 기도해야 합니다. 하나님 없는 내 인생이 얼마나 허무한지 깨닫게 해 달라고 기도해야 합니다. 그래서 나의 죄에 대한 징벌조차 기쁘게 여기는 평안을 가져야 합니다.

오늘 하루도 세상 인생들의 성공에도, 징벌 앞에서도 하나님을 신뢰하시기를 축복합니다.

8. 내가 여호와를 기다리고 기다렸더니
(시편 40:1-10)

시편 40편의 주제는 기도와 인내입니다. 시인은 인내하며 기도했습니다. "내가 여호와를 기다리고 기다렸더니"라고 고백하며 인내의 시간을 표현했는데, 결국 이 기도는 응답을 받았고 "나의 부르짖음을 들으셨도다"라고 감사하고 있습니다. 이처럼 우리의 기도는 믿음으로 응답을 기다리는 과정이 필요합니다.

시인이 받은 기도 응답의 내용은 하나님이 고난에서 구해 주셨다는 것입니다. 시인은 자신이 처한 고난의 극한 상황을 말하는데 "나를 기가 막힌 웅덩이와 수렁에서"라고 고백합니다. 정말 우리가 인생을 살다 보면 기가 막힌 일들을 당할 때가 있습니다. 그래서 정말 당황스럽고 어이가 없고 억울하기도 합니다.

그런데 시인은 기도를 통해 고난을 해결하게 되었습니

다. 본문에 "끌어올리시고"라는 표현이 극적인 해결을 극대화시키고 있습니다.

시인은 과연 어떤 고난을 당했을까요?

시인이 고백한 기가 막힌 웅덩이와 수렁은 군사적 고립을 의미합니다. 구약 시대는 전쟁의 시대였고, 당시의 가장 큰 고난은 당연히 군사적 고난이었습니다. 신약 시대는 신분과 질병의 시대였기 때문에 당시의 가장 큰 고난은 가난과 질병이었습니다.

그렇다면 현대의 고난은 무엇일까요?

지금은 가난보다는 "정서"가 무너진 시대입니다. 따라서 지금 가장 큰 고난은 정서적 질병입니다. 그렇다면 시인이 경험한 군사적 고난은 지금의 정서적 질병 및 아픔들과 비교될 수 있습니다.

시인이 기도하면서 받은 응답에 대해 더 자세히 살펴봅시다.

시인은 기도 응답의 내용을 하나님이 견고한 믿음을 주셨다는 것으로 고백합니다. 믿음이 더욱 견고하게 되므로 고난을 이겨 낼 수 있었다는 것입니다. 그래서 "내 발을 반석 위에 두사"라고 표현합니다. 그리고 믿음이 더욱 전진하여 성숙하게 되었기에 "내 걸음을 견고하게 하셨도다"라고 말합니다.

이처럼 우리의 모든 고난은 하나님이 우리의 믿음을 단단히 세우시는 과정으로 해석해야 합니다.

우리 믿음의 성장은 어디에서부터 시작될까요?

바로 하나님의 크심을 묵상하는 것에서 시작됩니다. 저는 만약 제 머리로 이해할 수 있는 하나님이라면 안 믿었을 겁니다. 왜냐하면 하나님은 초월하신 분이신데, 인간인 제가 다 이해할 수 있다면 하나님은 그만큼 작은 분이라는 말이 되기 때문입니다. 참 하나님이라면 제가 도저히 이해할 수 없는 분이어야 합니다.

그래서 저는 인생을 살다 어떤 이해할 수 없는 일이 생기면 오히려 하나님을 더 의지합니다. 하나님만이 이 일을 이해하시고 해결하실 수 있기 때문입니다.

시인도 이런 믿음이었습니다. 그가 견고한 믿음이 생긴 이후에는 하나님을 한없이 찬송합니다. "새 노래 곧 우리 하나님께 올릴 찬송을 내 입에 두셨으니"라고 노래하면서 자신의 간증으로 복음을 전합니다. 그때 많은 사람들이 보고 두려워하여 여호와를 의지하게 되었습니다.

이 얼마나 감격적인 반전입니까!

그렇다면 하나님은 응답을 요청하는 우리에게 무엇을

원하실까요?

> 주께서 내 귀를 통하여 내게 들려 주시기를 제사와 예물을 기뻐하지 아니하시며 번제와 속죄제를 요구하지 아니하신다 하신지라(시 40:6).

여기서 좀 이상한 것은 하나님이 제사와 예물, 번제와 속죄제를 원하지 않으신다는 것입니다. 그러나 다음 구절에서 더 구체적인 설명이 제시됩니다. 하나님이 그런 제사들을 원하지 않는 것이 아니고, 제사를 드릴 때 중요한 믿음의 본질을 제사의 그릇에 담아야 한다는 것입니다.

> 그 때에 내가 말하기를 내가 왔나이다 나를 가리켜 기록한 것이 두루마리 책에 있나이다 나의 하나님이여 내가 주의 뜻 행하기를 즐기오니 주의 법이 나의 심중에 있나이다 하였나이다(시 40:7-8).

이처럼 하나님의 말씀이 제사를 드리는 우리의 심중에 있어야 합니다. 하나님이 주신 두루마리 책을 통해 주의 뜻을 행하는 근거로 삼아야 합니다. 그리고 이 말씀을 전해야 합니다.

> 내가 많은 회중 가운데에서 의의 기쁜 소식을 전하였나이다 여호와여 내가 내 입술을 닫지 아니할 줄을 주께서 아시나이다 내가 주의 공의를 내 심중에 숨기지 아니하고 주의 성실과 구원을 선포하였으며 내가 주의 인자와 진리를 많은 회중 가운데에서 감추지 아니하였나이다(시 40:9-10).

바로 이것이 응답의 근원이었습니다. 하나님의 응답은 이처럼 우리 믿음의 강함이나 어떤 공로 때문에 받는 것이 아니라 우리가 믿음으로 말씀대로 살고, 말씀을 전하며 살 때 받을 수 있습니다.

요즘 저를 찾아오는 목사님들은 한결같이 교회 안에서 큰 어려움을 겪은 분들이었습니다. 어떤 목사님이 존경했던 담임목사님은 죄를 지어 부득이 사임했고, 어떤 목사님은 청빙을 받아 시무하던 교회에서 기존의 원로목사님의 심한 갑질을 견디지 못하여 쫓겨나듯이 사임했습니다. 또 어떤 분은 장로님들에게 자기들보다 나이가 어리고 학벌이 좋지 않다고 무시를 당하다 역시 쫓겨났습니다.

무엇이 본질적 문제였을까요?

제 생각에는 교회가 사역의 전문성은 발전시켰는데 말씀의 양육으로 제자를 세우는 일은 점점 멀리했던 것이 본질적인 문제라고 생각합니다. 예수님의 말씀으로 온전한 제자가 되어 목사가 되고 장로가 되었다면 평생을 말씀을 옆에 두고 연구하며 살아갈 것입니다.

그런 사람이 어떻게 교회 안에서 그런 일들을 저지를 수 있겠습니까?

나의 믿음을 세워가는 것은 두루마리 책으로 말씀을 먹는 것입니다. 우리는 말씀을 붙들 때 성숙한 믿음의 사람이 되어 인내함으로 기도할 수 있습니다. 오늘도 시인의 기도를 본받아 인내하며 기도하여 응답을 얻으시길 축복합니다.

9. 주의 긍휼을 내게서 거두지 마소서
(시편 40:11-17)

시편 40편의 전반부에서 하나님을 신뢰하며 인내의 기도를 드렸던 시인 다윗의 신앙을 살펴보았습니다. 이제 드디어 그는 응답을 얻고 기뻐하게 되었습니다. 흔히 이렇게 응답을 받고 나면 우리는 응답 받은 것에 집중하게 되고 자칫 교만해져서 간증을 한답시고 자랑하게 될 수 있습니다.

그러나 시인은 전혀 뜻밖의 기도를 드립니다.

주의 긍휼을 내게서 거두지 마시고 … 죄가 나의 머리털보다 많으므로 내가 낙심하였음이니이다 여호와여 은총을 베푸사 나를 구원하소서 여호와여 속히 나를 도우소서(시 40:11-13).

왜냐하면 아직도 자신의 죄를 드러내는 데 집중하고 있기 때문입니다. 끝까지 겸손하여 하나님 앞에서 자기의 죄를 드러내며 긍휼을 구하고 있습니다.

그런데 시인의 상황은 사실 그런 기도를 하기가 참 어려웠습니다. 자신을 조롱하며 비웃는 사람들이 계속 괴롭히고 있었습니다. 그가 고난을 이겨 내는 모습에 어떤 이는 감동받았지만, 어떤 이는 여전히 그를 괴롭히고 있는 상황이었습니다.

목회하면서 어려운 일 당하는 성도를 많이 만납니다. 뉴스만 봐도 너무 어려운 사건과 사고가 많습니다. 그저 아무 일 없기만 해도 은혜라는 생각이 들 정도입니다. 어려운 일을 당한 성도들을 보면서, 참 하소연할 데가 없는 시대라는 생각이 듭니다. 그들이 교회에 와서 하소연하는 건 당연한 일입니다.

시인 다윗은 어디 가서 하소연할 수 있었을까요?

지금보다 더 외로웠을 것입니다. 그러나 시인은 하나님께 하소연했습니다. 아니 하소연을 넘어 자신에게 긍휼을 베풀어 달라고 도움을 요청합니다. 시편의 표현들은 그 절박함을 너무 잘 표현해 줍니다.

> 나를 향하여 하하 하하 하며 조소하는 자들이 자기 수치로 말미암아 놀라게 하소서(시 40:15).

정말 이 실감나는 표현을 보며 시인의 위대함을 다시 한 번 느낍니다.

우리도 주변을 돌아보고 이런 하소연을 하는 사람들이 있는지 살펴봅시다.

우리가 하소연할 일이 없이 평안하다면 어려움을 당한 사람들의 하소연을 들어 줘야 합니다. 우리가 하소연할 일이 많다면 하나님께 하소연해야 합니다. 그렇게 성도는 연약한 자를 돌보면서 자신은 하나님을 의지해야 합니다. 그리고 결국에는 연약한 사람들도 그들이 하나님께 하소연하도록 안내해야 합니다.

본문을 통해 우리는 다윗의 그 처절했던 기도를 배우며 오늘 우리도 그렇게 기도하기를 소망합니다. 시인은 하나님의 긍휼을 묵상하며 끝까지 의지합니다. 우리도 오직 하나님만 의지하며 기도하시길 축복합니다. 시인의 마지막 기도는 하소연하고 싶은 우리에게 다시 하나님을 찾도록 이끌어 줍니다.

나는 가난하고 궁핍하오나 주께서는 나를 생각하시오니 주는 나의 도움이시요 나를 건지시는 이시라 나의 하나님이여 지체하지 마소서(시 40:17).

10. 친구의 배신
(시편 41:1-13)

  우리가 인생을 살며 배신을 당할 때가 참 많습니다. 사람은 자기 밥그릇을 건드리면 배신을 넘어 서로 공격하고 싸웁니다. 그래서 사람은 적어도 3년은 지켜봐야 안다고 말하기도 합니다. 배신을 당하면 정말 억울합니다. 밤잠을 설치게 되고 그 상처는 상당히 오래갑니다.

  시인은 지금 두 가지 고난을 당하고 있습니다.

첫째, 육신의 질병입니다.

둘째, 친구의 배신과 참소(讒訴)입니다.

  시인은 괴로웠습니다. 그리고 이 고난을 놓고 기도하기 위해 성전으로 갔습니다. 그리고 성전에서 제사장의 권면을 듣습니다. 제사장은 하나님이 가난한 자를 돕는 자를 도우시고, 가난한 자를 돕지 않은 자는 축복할 자격이 없다고 권면합니다. 이것이 1-3절의 내용입니다.

시인이 회개하며 두 가지를 기도합니다.

첫째, 병을 낫게 해 달라는 것입니다.

둘째, 배신을 당하고 참소를 당하고 있는데 보응해 달라는 것입니다.

이 두 가지 고난 중에 특히 배신과 참소에 대해 본문에는 더 자세히 기록되어 있습니다. 그만큼 시인의 인생에서 가장 뼈아픈 상처가 있었음을 말해 줍니다. 심지어 가장 가까이 지내던 친구에게도 배신을 당했다고 말합니다. 친구가 병문안 와서는 친한 척하다가 밖에 나가서는 다른 사람들에게 자신을 욕하고 비난하며 나쁜 사람을 만들었다는 겁니다.

> 내가 신뢰하여 내 떡을 나눠 먹던 나의 가까운 친구도 나를 대적하여 그의 발꿈치를 들었나이다(시 41:9).

과연 배신한 친구는 누구일까요?

창세기에서 뱀에게 하신 말씀 중에 여자의 후손과 발꿈치를 언급합니다. 이는 예수와 사탄, 더 넓게는 예수와 가룟 유다를 말합니다. 배신자는 바로 사탄입니다.

우리는 그것을 우리 현실에서 일어나는 일들에 적용해

야 합니다. 흔히 공동체 안에서 서로를 배신하는 일들이 많이 일어납니다. 특별히 뒤에서 어떤 사람을 욕하며 비난하는 일들이 많이 생깁니다. 서로가 서로를 위하면 되는데 꼭 이 틀을 깨는 사람이 있습니다. 바로 우리 영혼이 온전하지 못하고 병들었기 때문입니다.

여기서 우리는 예수와 사탄 및 가룟 유다의 차이를 알아야 합니다. 그 사이에 하나님과 피조물이라는 차이를 넘어 복음이 있느냐의 여부로도 구별될 수 있습니다. 이 복음이 우리를 온전하게 합니다. 사탄은 복음을 거부했고 가룟 유다도 거절했습니다.

우리 인간의 관계가 오직 복음으로 온전한 관계로 발전해야 합니다. 우리 영혼의 상태가 복음으로 온전해지는 것이 근본적인 해결의 방법입니다. 시인도 이를 알고 그저 자신을 온전한 중에 붙드시고 하나님 앞에 서게 해달라고 요청합니다.

> 주께서 나를 온전한 중에 붙드시고 영원히 주 앞에 세우시나이다(시 41:12).

우리 삶에 어떤 문제들이 있습니까?

문제가 있더라도 문제에 집중하지 말고 내 영혼에 집중해야 합니다. 내 영혼이 망가져 있다면 대안이 생겨도 다시 쓰러지고 맙니다. 우리 영혼을 주관하시는 분은 오직 하나님이십니다.

꼭 문제가 있어야 하나님을 볼 수 있는 것입니까?

영혼이 온전해지면 우리는 언제나 하나님을 바라보게 됩니다.

영혼의 온전함을 추구한 대표적인 사람이 욥입니다. 욥은 어느 날 갑자기 인생의 전부를 잃는 슬픔을 겪었습니다. 그러나 그의 영혼이 온전하니 큰 슬픔 속에서도 하나님만 바라보았습니다. 그때 그의 아내가 이렇게 말합니다.

> 그의 아내가 그에게 이르되 당신이 그래도 자기의 온전함을 굳게 지키느냐 하나님을 욕하고 죽으라(욥 2:9).

아내의 이 말이 바로 배신자의 말입니다. 사탄은 우리가 어려움을 당했을 때 하나님을 원망하지 않으면 이렇게 말합니다. 조금 전까지 함께 했던 사람이고 응원해 주었던 사람이지만 어려움을 당하면 하나님을 배신하고 또 우리도 배신하기를 요청합니다.

얼마 전 중앙응급의료센터장이 갑자기 사망하였습니다. 그는 병원 집무실에서 과로사 하였는데 6년간 일하며 의료응급헬기 도입 등 많은 노력을 하였습니다. 그러나 명절 기간 업무가 급증하였고 전국 응급실 532곳과 권역외상센터 13곳을 관리하다 무리를 한 것입니다.

우리는 이런 헌신을 본받아야 합니다. 비록 갑자기 사망하는 아픔이 있었지만 그는 자신이 어려운 상황을 외면하려고 다른 이들을 어려움에 빠트리지 않았습니다. 자신부터 배신하여 자기 욕심을 차리고 남에게 같이 배신하자고 요청하지도 않았습니다.

지금 당장 이 어려움을 들고 하나님께 나아갑시다.

배신하고 싶은 마음이 생기더라도 인내하며 하나님께 기도합시다.

하나님이 우리를 온전한 중에 붙드시고 영원히 자기 앞에 세우실 것입니다.

오늘도 배신의 마음이 생기더라도 인내하고 하나님께 나아갈 수 있는 믿음을 묵상하며 기도합시다.